रुख़सत करो मुझे

रुख़सत करो मुझे

मुनव्वर राना

सम्पादक

कैफ़ सिद्दीक़ी

वाणी प्रकाशन

प्रकाशन के उत्कृष्टतम 61 वर्ष

पेपरबैक पहला संस्करण : 2017
पेपरबैक दूसरा संस्करण : 2019
पेपरबैक तीसरा संस्करण : 2024

vaniprakashan.com

वाणी प्रकाशन

4695, 21-ए, दरियागंज, नयी दिल्ली-110 002

फ़ोन : +91 11 23273167, 23275710

शाखाएँ

अशोक राजपथ, पटना-800 004, बिहार
कॉफ़ी हाउस कैम्पस, महात्मा गांधी मार्ग, प्रयागराज-211 001, उत्तर प्रदेश
महात्मा गांधी अन्तरराष्ट्रीय हिन्दी विश्वविद्यालय, वर्धा-442 001, महाराष्ट्र
36/ए, शेक्सपियर सरणी, रानी बिरला गर्ल्स कॉलेज के पास, कोलकाता-700 017, प. बंगाल
sales@vaniprakashan.in
vaniprakashan@gmail.com

Rukhsat Karo Mujhe
by Munawwar Rana
Edited by Kaif Siddiqui

ISBN : 978-93-87409-08-8
Ghazals

मूल्य : ₹ 299

आर. टेक ऑफ़सेट प्रिंटर्स, दिल्ली-110 032 में मुद्रित

वाणी प्रकाशन का लोगो मक़बूल फ़िदा हुसेन की कूची से

एक बार फिर से मिट्टी की सूरत करो मुझे
इज़्ज़त के साथ दुनिया से रुख़सत करो मुझे

जितना लिक्खा...

जितना लिक्खा है, उसी ने हमें इज़्ज़त दी है। जो न लिख पाये, वो लिखते तो क़यामत होती। मैं इस लिहाज़ से .ख़ुशनसीब हूँ कि मैंने अपनी ज़िन्दगी की कहानी गद्य और पद्य दोनों में बयान की और मुहब्बत करने वालों ने मेरे गद्य और पद्य दोनों को सराहा। जिस जीवन की रेलगाड़ी पर यूँ तो सुख और दुख दोनों ही सफ़र करते हैं लेकिन अब ये मेरे नसीब की कमी थी कि मेरे जीवन की रेलगाड़ी पर दुख की सवारियों का बोझ ज़्यादा था।

मुहब्बत और सेहत की नाकामी में मुझे कभी सर उठाने की मोहलत नहीं दी। मेरे हिस्से में दुख ज़्यादा आये लेकिन मैंने सारी ज़िन्दगी के सुख-दुख को एक जैसे शब्दों का दुशाला उढ़ाये रक्खा। मुझे लोगों की हमदर्दी की ज़रूरत नहीं थी, मैं तो हमेशा क़ुदरत के सच्चे फ़ैसले का इन्तज़ार करता हूँ।

यूँ तो साँप का ज़हर चूसकर थूक देना पड़ता है लेकिन दुखों का ज़हर थूका नहीं जाता। इसे तो आत्मा के माथे पर चन्दन की तरह लगा के रक्खा जाता है। शायरी एक आम इनसान को सन्त और सूफ़ी बना देती है, इन्हीं सूफ़ियों और सन्तों के लिखे शब्द के फूलों से दुनिया को .ख़ुशरंग और ख़ूबसूरत बनाया जाता है।

मैं इस लिहाज़ से भी बहुत ख़ुशनसीब हूँ कि वाणी प्रकाशन ने मेरे जलाये हुए कविता के चिराग़ों को हथेलियों से छुपाकर उन्हें

बुझने से बचा लिया। जब तक लेखक और प्रकाशक के नसीब का गुल एक साथ नहीं खिलता, कोई भी किताब न मशहूर होती है और न उसकी इज़्ज़त में इज़ाफ़ा होता है।

जितना लिक्खा है उसी ने हमें इज़्ज़त दे दी
जो न लिख पाये, वो लिखते तो क़यामत होती

(हस्ताक्षर लगाने है)
मुनव्वर राना

अनुक्रम

वो ग़ज़ल पढ़ने में लगता भी ग़ज़ल जैसा था
सिर्फ़ ग़ज़लें नहीं, लहजा भी ग़ज़ल जैसा था

वक़्त ने चेहरे को बख़्शी हैं ख़राशें वर्ना
कुछ दिनों पहले ये चेहरा भी ग़ज़ल जैसा था

तुमसे बिछड़ा तो पसन्द आ गयी बेतरतीबी
इससे पहले मेरा कमरा भी ग़ज़ल जैसा था

कोई मौसम भी बिछड़कर हमें अच्छा न लगा
वैसे पानी का बरसना भी ग़ज़ल जैसा था

नीम का पेड़ था, बरसात थी और झूला था
गाँव में गुज़रा ज़माना भी ग़ज़ल जैसा था

वो भी क्या दिन थे तेरे पाँव की आहट सुनकर
दिल का सीने में धड़कना भी ग़ज़ल जैसा था

इक ग़ज़ल देखती रहती थी दरीचे से मुझे
सोचता हूँ, वो जमाना भी ग़ज़ल जैसा था

कुछ तबीयत भी ग़ज़ल कहने पे आमादा थी
कुछ तेरा फूट के रोना भी ग़ज़ल जैसा था

मेरा बचपन था, मेरा घर था, खिलौने थे मेरे
सर पे माँ-बाप का साया भी ग़ज़ल जैसा था

नर्म-ओ-नाज़ुक-सा, बहुत शोख़-सा, शर्मीला-सा
कुछ दिनों पहले तो 'राना' भी ग़ज़ल जैसा था

फ़रिश्ते आ के उनके जिस्म पर ख़ुशबू लगाते हैं
वो बच्चे रेल के डिब्बों में जो झाड़ू लगाते हैं

अँधेरी रात में अकसर सुनहरी मश्अलें लेकर
परिन्दों की मुसीबत का पता जुगनू लगाते हैं

दिलों का हाल आसानी से कब मालूम होता है
कि पेशानी पे चन्दन तो सभी साधु लगाते हैं

ये माना आपको शोले बुझाने में महारत है
मगर वो आग जो मज़लूम के आँसू लगाते हैं

किसी के पाँव की आहट से दिल ऐसे उछलता है
छलाँगें जंगलों में जिस तरह आहू लगाते हैं

बहुत मुमकिन है अब मेरा चमन वीरान हो जाये
सियासत के शजर पर घोंसले उल्लू लगाते हैं

धँसती हुई क़ब्रों की तरफ़ देख लिया था
माँ-बाप के चेहरों की तरफ़ देख लिया था

दौलत से मोहब्बत तो नहीं थी मुझे लेकिन
बच्चों ने खिलौनों की तरफ़ देख लिया था

उस दिन से बहुत तेज़ हवा चलने लगी है
बस, मैंने चराग़ों की तरफ़ देख लिया था

अब तुमको बुलन्दी कभी अच्छी न लगेगी
क्यों ख़ाकनशीनों की तरफ़ देख लिया था

तलवार तो क्या, मेरी नज़र तक नहीं उट्ठी
उस शख़्स के बच्चों की तरफ़ देख लिया था

तू हर परिन्दे को छत पर उतार लेता है
ये शौक़ वो है जो ज़ेवर उतार लेता है

मैं आसमाँ की बुलन्दी पे बारहा पहुँचा
मगर नसीब ज़मीं पर उतार लेता है

अमीरे-शहर की हमदर्दियों से बच के रहो
ये सर से बोझ नहीं, सर उतार लेता है

उसी को मिलता है एजाज़ भी ज़माने में
बहन के सर से जो चादर उतार लेता है

उठा है हाथ तो फिर वार भी ज़रूरी है
कि साँप आँखों में मंज़र उतार लेता है

ख़ूबसूरत झील में हँसता कँवल भी चाहिए
है गला अच्छा तो फिर अच्छी ग़ज़ल भी चाहिए

उठ के इस हँसती हुई दुनिया से जा सकता हूँ मैं
अहूले-महफ़िल को मगर मेरा बदल भी चाहिए

सिर्फ़ फूलों से सजावट पेड़ की मुमकिन नहीं
मेरी शाख़ों को नये मौसम में फल भी चाहिए

ऐ मेरी ख़ाके-वतन, तेरा सगा बेटा हूँ मैं
क्यों रहूँ फ़ुटपाथ पर मुझको महल भी चाहिए

धूप वादों की बुरी लगने लगी है अब हमें
अब हमारे मसअलों का कोई हल भी चाहिए

तूने सारी बाज़ियाँ जीती हैं मुझ पर बैठकर
अब मैं बूढ़ा हो गया हूँ अस्तबल भी चाहिए

ख़ुद सूख गया ज़ख़्म ने मरहम नहीं देखा
इस खेत ने बरसात का मौसम नहीं देखा

इस क़ौम को तलवार से डर ही नहीं लगता
तुमने कभी ज़ंजीर का मातम नहीं देखा

शाख़े-दिले-सरसब्ज़ में फल ही नहीं आये
आँखों ने कभी नींद का मौसम नहीं देखा

मस्जिद की चटाई पे ये सोते हुए बच्चे
इन बच्चों को देखो, कभी रेशम नहीं देखा

हम ख़ानाबदोशों की तरह घर में रहे हैं
कमरे ने हमारे कभी शीशम नहीं देखा

स्कूल के दिन याद न आने लगें 'राना'
इस ख़ौफ़ से हमने कभी अलबम नहीं देखा

दुनिया की हवस दिल से मेरे दूर हुई है
तब जा के फ़क़ीरी मेरी मशहूर हुई है

अब कोई सियासत की सियाही न उलट दे
वैसे मेरी ताईद तो भरपूर हुई है

यादें कई बचपन की जुड़ी रहती थीं इससे
शीशे की ये गुड़िया जो अभी चूर हुई है

मटके में कई साल उसे सड़ना पड़ा है
तब जा के कहीं दुख़्तरे-अंगूर हुई है

हैरत है कि तुम कैसे चले आये यहाँ पर
सच्चाई तो दरबार में माज़ूर हुई है

इन हाथों को शमशीर बनाना पड़ा मुझको
तब जा के गुज़ारिश मेरी मंज़ूर हुई है

भूले से खो दिया जो किसी मोड़ पर हमें
फिर ढूँढ़ते फिरोगे मियाँ उम्र भर हमें

ऐ शहर! कुछ दिनों के लिए गाँव भेज दे
याद आ रहा है टूटा हुआ अपना घर हमें

गोशानशीनी! आज तेरा इम्तिहान है
दुनिया बुला रही है सरे-रहगुज़र हमें

अपने मरज़ के बारे में सब जानते हैं हम
झूठी तसल्लियाँ न दे अब चारागर हमें

दो दिन कि चार दिन कि बरस दस बरस तलक
करना है ज़िन्दगी बता कितना सफ़र हमें

दुनिया से कैसे आँख मिलायेगी दोस्ती
लूटा गया है सिर्फ़ तेरे नाम पर हमें

मसर्रतों के ख़ज़ाने ही कम निकलते हैं
किसी भी सीने को खोलो तो ग़म निकलते हैं

हमारे जिस्म के अन्दर की झील सूख गयी
इसीलिए तो अब आँसू भी कम निकलते हैं

यह कर्बला की ज़मीं है इसे सलाम करो
यहाँ ज़मीन से पत्थर भी नम निकलते हैं

यही है ज़िद तो हथेली पे अपनी जान लिये
अमीरे-शहर से कह दो कि हम निकलते हैं

कहाँ हर एक को मिलते हैं चाहने वाले
नसीब वालों के गेसू में ख़म निकलते हैं

जहाँ से हमको गुज़रने में शर्म आती है
उसी गली से कई मोहतरम निकलते हैं

तुम्हीं बताओ कि मैं खिलखिला के कैसे हँसूँ
कि रोज़ ख़ानये दिल के अलम निकलते हैं

तुम्हारे अह्दे-हुकूमत का सानिहा ये है
कि अब तो लोग घरों से भी कम निकलते हैं

सँभालने नहीं आता सँभल के जाता है
खिलौने वाला तो खुद ही बहल के जाता है

ये पूछिये कि गुज़रता है किस अज़ीयत से
वो एक आँसू जो पलकों पे चल के जाता है

अजीब आँखें हैं हर वक़्त रोती रहती हैं
अजीब जाम है हर वक़्त छलके जाता है

मैं राहे-इश्क़ के हर पेचोख़म से वाक़िफ़ हूँ
यह रास्ता मेरे घर से निकल के जाता है

यह वह मकामे-शिफ़ा है जहाँ पे सदियों से
उठा के लाते हैं जिसको वह चल के जाता है

बादशाहों को सिखाया है क़लन्दर होना
आप आसान समझते हैं मुनव्वर होना

एक आँसू भी हुकूमत के लिए ख़तरा है
तुमने देखा नहीं आँखों का समन्दर होना

सिर्फ़ बच्चों की मुहब्बत ने क़दम रोक लिये
वर्ना आसान था मेरे लिए बेघर होना

हमको मालूम है शोहरत की बलन्दी हमने
क़ब्र की मिट्टी का देखा है बराबर होना

इसको क़िस्मत की ख़राबी ही कहा जायेगा
आपका शहर में आना मेरा बाहर होना

सोचता हूँ तो कहानी की तरह लगता है
रास्ते से मेरा तकना तेरा छत पर होना

मुझको क़िस्मत ही पहुँचने नहीं देती वर्ना
एक एजाज़ है उस दर का गदागर होना

सिर्फ़ तारीख़ बताने के लिए ज़िन्दा हूँ
अब मेरा घर में भी होना है कलेंडर होना

इक कम पढ़े-लिखे का क़लम हो के रह गयी
यह ज़िन्दगी भी गूँगे का ग़म हो के रह गयी

सहरा में चीख़ते रहे कुछ भी नहीं हुआ
मिट्टी की तरह रेत भी नम हो के रह गयी

कश्कोल में छुपी थी अना भी फ़क़ीर की
यह बेज़बान सिक्कों में ज़म हो के रह गयी

इक वक़्त की पढ़ी कभी दो वक़्त की पढ़ी
यादे-ख़ुदा भी यादे-सनम हो के रह गयी

वह ज़िन्दगी कि जिस पे बड़ा नाज़ था कभी
कमज़ोर आदमी की क़सम हो के रह गयी

फिर बच गयी है आज यह दीवारे-आरज़ू
सजदे में जाने वाली थी ख़म हो के रह गयी

मंज़र तुम्हारे हुस्न का सबकी नज़र में है
अब मेरे एतबार की कश्ती भँवर में है

तन्हा मुझे कभी न समझना मेरे हरीफ़
इक भाई मर चुका है मगर एक घर में है

वो तो लिखा के लायी है क़िस्मत में जागना
माँ कैसे सो सकेगी कि बेटा सफ़र में है

सूनी पड़ी हुई हैं बहन की हथेलियाँ
फल पक चुका है और अभी तक शजर में है

परदेस से वतन का सफ़र भी अजीब है
मैं घर पहुँच गया हूँ बदन रहगुज़र में है

कल उसके दिल पे किसका हो क़ब्ज़ा, ख़बर नहीं
अब तक तो ये इलाक़ा हमारे असर में है

कोई चेहरा किसी को उम्र भर अच्छा नहीं लगता
हसीं है चाँद भी, शब भर मगर अच्छा नहीं लगता

कभी चाहत पे शक करते हुए ये भी नहीं सोचा
तुम्हारे साथ क्यों रहते अगर अच्छा नहीं लगता

ज़रूरत मुझको समझौते पे आमादा तो करती है
मुझे हाथों को फैलाते मगर अच्छा नहीं लगता

मुझे इतना सताया है मेरे अपने अज़ीज़ों ने
कि अब जंगल भला लगता है घर अच्छा नहीं लगता

मेरा दुश्मन कहीं मिल जाये तो इतना बता देना
मेरी तलवार को शानों पे सर अच्छा नहीं लगता

हर एक ख़ुशबू का झोंका अब हमें काफ़ूर लगता है
किसी भी शहर से गुज़रें वो भागलपूर लगता है

मुहब्बत बेदिली के इस क़दर नज़दीक आ पहुँची
कि अब तो दोस्तों का घर भी काफ़ी दूर लगता है

धुआँ चूल्हे से भी उट्ठे तो पलकें भीग जाती हैं
ज़रा-सा ज़ख़्म भी अब तो हमें नासूर लगता है

जिसे भी देखिए वो ख़ौफ़ की सूली पे लटका है
हमारे शहर का हर आदमी मन्सूर लगता है

मालूम नहीं कैसी ज़रूरत निकल आयी
सर खोले हुए घर से शराफ़त निकल आयी

मैदान से अब लौट के जाना भी है दुश्वार
किस मोड़ पे दुश्मन से क़राबत निकल आयी

अब हम तेरी चाहत पे यक़ीं करने लगे हैं
अब तुझसे बिछड़ जाने की सूरत निकल आयी

वो ख़ुश है कि बाज़ार में गाली मुझे दे दी
मैं ख़ुश हूँ कि अहसान की क़ीमत निकल आयी

आँखों को इंतिज़ार की भट्ठी पे रख दिया
मैंने दीये को आँधी की मर्ज़ी पे रख दिया

अहबाब का सुलूक भी कितना अजीब था
नहला-धुला के मिट्टी को मिट्टी पे रख दिया

आओ तुम्हें दिखाते हैं अंजामे-ज़िन्दगी
सिक्का यह कह के रेल की पटरी पे रख दिया

फिर भी न दूर हो सकी चेहरे से बेवगी
मेंहदी ने सारा ख़ून हथेली पे रख दिया

दुनिया को क्या ख़बर इसे कहते हैं शायरी
मैंने शकर के दाने को च्यूँटी पे रख दिया

अन्दर की टूट-फूट छुपाने के वास्ते
जलते हुए चराग़ को खिड़की पे रख दिया

घर की ज़रूरतों के लिए अपनी उम्र को
बच्चे ने कारख़ाने की चिमनी पे रख दिया

पिछला निशान जलने का मौजूद था तो फिर
क्यों हमने हाथ जलती अँगीठी पे रख दिया

अच्छा हुआ कि मेरा नशा भी उतर गया
तेरी कलाई से यह कड़ा भी उतर गया

वह मुतमइन बहुत है मेरा साथ छोड़कर
मैं भी हूँ खुश कि कर्ज़ मेरा भी उतर गया

रुख़्सत का वक़्त है, यूँ ही चेहरा खिला रहे
मैं टूट जाऊँगा जो ज़रा भी उतर गया

बेकस की आरज़ू में परेशाँ है ज़िन्दगी
अब तो फ़सीले जाँ से दिया भी उतर गया

रो-धो के वह भी हो गया ख़ामोश एक रोज़
दो-चार दिन में रंगे-हिना भी उतर गया

पानी में वह कशिश है कि अल्लाह की पनाह
रस्सी का हाथ थामे घड़ा भी उतर गया

वह मुफ़लिसी के दिन भी गुज़ारे हैं मैंने जब
चूल्हे से ख़ाली हाथ तवा भी उतर गया

सच बोलने में नश्शा कई बोतलों का था
बस यह हुआ कि मेरा गला भी उतर गया

पहले भी बेलिबास थे इतने मगर न थे
अब जिस्म से लिबासे-हया भी उतर गया

महफ़िल में आज मर्सिया ख़्वानी ही क्यों न हो
आँखों से बहने दीजिए पानी ही क्यों न हो

नश्शे का एहतिमाम से रिश्ता नहीं कोई
पैग़ाम उसका आये ज़बानी ही क्यों न हो

ऐसे ये ग़म की रात गुज़रना मुहाल है
कुछ भी सुना मुझे, वो कहानी ही क्यों न हो

कोई भी साथ देता नहीं उम्र भर यहाँ
कुछ दिन रहेगी साथ जवानी ही क्यों न हो

इस तश्नगी की क़ैद से जैसे भी हो निकाल
पीने को कुछ भी चाहिए पानी ही क्यों न हो

दुनिया भी जैसे ताश के पत्तों का खेल है
जोकर के साथ रहती है रानी ही क्यों न हो

तस्वीर उसकी चाहिए हर हाल में मुझे
पागल हो, सरफिरी हो, दिवानी ही क्यों न हो

सोना तो यार सोना है चाहे जहाँ रहे
बीवी है फिर भी बीवी, पुरानी ही क्यों न हो

अब अपने घर में रहने न देंगे किसी को हम
दिल से निकाल देंगे निशानी ही क्यों न हो

ग़ज़ल के शेर सुनाने का वक़्त होता है
मियाँ, चराग़ जलाने का वक़्त होता है

यह शामे-ग़म का अँधेरा यह आँसुओं के चराग़
यही तो तुमको भुलाने का वक़्त होता है

बिखर न जायें कहीं इतने क़ीमती मोती
यह आँसुओं के छुपाने का वक़्त होता है

दुआ को हाथ उठाकर कहो ख़ुदा हाफ़िज़
उठूँ कि अब मेरे जाने का वक़्त होता है

चलूँ कि सरहदें आवाज़ दे रही हैं मुझे
वतन का क़र्ज़ चुकाने का वक़्त होता है

उठूँ कि मिलने ही वाले हैं दोनों वक़्त गले
यही चराग़ जलाने का वक़्त होता है

मैं इससे पहले कि बिखरूँ इधर-उधर हो जाऊँ
मुझे सँभाल ले मुमकिन है दर-ब-दर हो जाऊँ

यह आबोताब जो मुझमें है सब उसी से है
अगर वह छोड़ दे मुझको तो मैं खण्डर हो जाऊँ

मेरी मदद से खजूरों की फ़स्ल पकने लगे
मैं चाहता हूँ कि सहरा की दोपहर हो जाऊँ

मैं आसपास के मौसम से हूँ तरो-ताज़ा
मैं अपने झुण्ड से निकलूँ तो बेसमर हो जाऊँ

बड़ी अजीब-सी हिद्दत है उसकी यादों में
अगर मैं छू लूँ पसीने से तर-ब-तर हो जाऊँ

मैं कच्ची मिट्टी की सूरत हूँ तेरे हाथों में
मुझे तू ढाल दे ऐसे कि मोतबर हो जाऊँ

बची-खुची हुई साँसों के साथ पहुँचाना
सुनो हवाओ! अगर मैं शिकस्ता पर हो जाऊँ

झूठ कैसे हल्क़ से उतरे निवाले की तरह
मेरी ग़ैरत चीख़ती है मुँह के छाले की तरह

प्यास की शिद्दत से मुँह खोले परिन्दा गिर पड़ा
सीढ़ियों पर हाँफते अख़बार वाले की तरह

ऐसे मौसम में बरहना फिर रहा हूँ मैं कि जब
ओढ़ लेता है शजर पत्ते दुशाले की तरह

एक क़ैदी की तरह मेरी अना बेबस रही
ख़्वाहिशें घेरे रहीं मकड़ी के जाले की तरह

इक सुलगते हुए शहर में बच्चा मिला हँसता हुआ
राहगे सटमे से चराग़ों के उजाले की तरह

वो सरबुलन्द हमेशा ख़ुशामदों में रहा
मैं सर झुकाये रहा और सरमदों में रहा

मुहाजिरो, यही तारीख़ है मकानों की
बनाने वाला हमेशा बरामदों में रहा

कबूतरों को मैं पानी पिला के ख़ुश हूँ बहुत
यही बहुत है कि कुछ देर सैयदों में रहा

मेरे बुज़ुर्गों को इसकी ख़बर नहीं शायद
पनप नहीं सका जो पेड़ बरगदों में रहा

हमारे पेड़ का हर फल पड़ोसियों का नसीब
हमारा शेर पराये मुसव्वदों में रहा

मैं उसको छोड़ न पाया बुरी लतों की तरह
वो मेरे साथ है बचपन की आदतों की तरह

मुझे सँभालने वाला कहाँ से आयेगा
मैं गिर रहा हूँ पुरानी इमारतों की तरह

हँसा-हँसा के रुलाती है रात-दिन दुनिया
सुलूक इसका है अय्याश औरतों की तरह

वफ़ा की राह मिलेगी इसी तमन्ना में
भटक रही है मुहब्बत भी उम्मतों की तरह

मता-ए-दर्द लुटी तो लुटी ये दिल भी कहीं
न डूब जाये ग़रीबों की उजरतों की तरह

ख़ुदा करे कि उम्मीदों के हाथ पीले हों
अभी तलक तो गुज़ारी है इद्दतों की तरह

यहाँ पे दफ़्न हैं मासूम ख़्वाहिशें 'राना'
हमारा दिल भी है बच्चों की तुरबतों की तरह

इसी गली में वो भूखा किसान रहता है
ये वो ज़मीं है जहाँ आसमान रहता है

मैं डर रहा हूँ हवा से ये पेड़ गिर न पड़े
कि इस पे चिड़ियों का इक ख़ानदान रहता है

सड़क पे घूमते पागल की तरह दिल है मेरा
हमेशा चोट का ताज़ा निशान रहता है

तुम्हारे ख़्वाबों से आँखें महकती रहती हैं
तुम्हारी याद से दिल ज़ाफ़रान रहता है

हमें हरीफ़ों की तादाद क्यों बताते हो
हमारे साथ भी बेटा जवान रहता है

सजाये जाते हैं मक़तल मेरे लिए 'राना'
वतन में रोज़ मेरा इम्तहान रहता है

ओढ़े हुए बदन पे ग़रीबी चले गये
बहनों को रोता छोड़ के भाई चले गये

दुनिया बहुत ख़राब है शायद इसीलिए
जो अच्छे लोग आये वो जल्दी चले गये

हिजरत की आँधियों ने गिराये बहुत-से पेड़
कितने ही मीर छोड़ के दिल्ली चले गये

पैदा यहीं हुआ हूँ यहीं पर मरूँगा मैं
वो और लोग थे जो कराची चले गये

वो जिनको आबरू-ए-ग़ज़ल तक कहा गया
वो भी ग़ज़ल सुना के पुरानी चले गये

तो अब इस गाँव से रिश्ता हमारा ख़त्म होता है
फिर आँखें खोल ली जायें कि सपना ख़त्म होता है

मुक़द्दस मुस्कुराहट माँ के होंठों पर लरज़ती है
किसी बच्चे का जब पहला सिपारा ख़त्म होता है

हवाएँ चुपके-चुपके कान में आकर ये कहती हैं
परिन्दो, उड़ चलो अब आबो-दाना ख़त्म होता है

बहुत दिन रह लिये दुनिया के सर्कस में तुम ऐ 'राना'
चलो अब उठ लिया जाये तमाशा ख़त्म होता है

आँखों में कोई ख़्वाब सुनहरा नहीं आता
इस झील पे अब कोई परिन्दा नहीं आता

हालात ने चेहरे की चमक छीन ली वरना
दो-चार बरस में तो बुढ़ापा नहीं आता

मुद्दत से तमन्नाएँ सजी बैठी हैं दिल में
इस घर में बड़े लोगों का रिश्ता नहीं आता

इस दर्जा मसायब के जहन्नुम में जला हूँ
अब कोई भी मौसम हो, पसीना नहीं आता

मैं रेल में बैठा हुआ ये सोच रहा हूँ
इस दौर में आसानी से पैसा नहीं आता

वो कौम की तक़दीर बदलने को उठे हैं
जिन लोगों को बचपन से ही क़लमा नहीं आता

बस तेरी मुहब्बत में चला आया हूँ वरना
यूँ सबके बुला लेने से 'राना' नहीं आता

चराग़े-दिल बुझाना चाहता था
वो मुझको भूल जाना चाहता था

मुझे वो छोड़ जाना चाहता था
मगर कोई बहाना चाहता था

ज़बाँ ख़ामोश थी उसकी मगर वो
मुझे वापस बुलाना चाहता था

उसे नफ़रत थी अपने आपसे भी
मगर उसको ज़माना चाहता था

बहुत ज़ख़्मी थे उसके होंठ लेकिन
वो बच्चा मुस्कुराना चाहता था

सफ़ेदी आ गयी बालों में उसके
वो बाइज़्ज़त घराना चाहता था

तमन्ना दिल की जानिब बढ़ रही थी
परिन्दा आशियाना चाहता था

महके हुए ख़याल के आँगन में आये थे
वो ख़्वाब बन के दीदा-ए-रौशन में आये थे

ये हादसा हुआ था मगर सिर्फ़ एक बार
मैं बाम पर खड़ा था वो आँगन में आये थे

कितना था पास उनको भी वादे का उन दिनों
इक बार भीगते हुए सावन में आये थे

तेरी गली को देख के आया हमें ख़याल
हम जैसे इस जगह कभी बचपन में आये थे

अब इसको इत्तफ़ाक़ ही कहिए तो ठीक है
जितने भी ख़ार थे मेरे दामन में आये थे

जब उनका सामना हुआ कुछ भी रहा न याद
वैसे कई सवाल मेरे मन में आये थे

इतना रोये थे लिपटकर दरो-दीवार से हम
शहर में आ के बहुत दिन रहे बीमार-से हम

अपने बिकने का बहुत दुख है हमें भी लेकिन
मुस्कुराते हुए मिलते हैं ख़रीदार से हम

संग आते थे बहुत चारों तरफ़ से घर में
इसलिए डरते हैं अब शाख़े-समरदार से हम

सायबाँ हो, तेरा आँचल हो कि छत हो लेकिन
बच नहीं सकते हैं रुसवाई की बौछार से हम

रास्ता तकने में आँखें भी गँवा दीं 'राना'
फिर भी महरूम रहे आपके दीदार से हम

मुफ़लिसी पासे-शराफ़त नहीं रहने देगी
ये हवा पेड़ सलामत नहीं रहने देगी

शहर के शोर से घबरा के अगर भागोगे
फिर तो जंगल में भी वहशत नहीं रहने देगी

कुछ नहीं होगा तो आँचल में छुपा लेगी मुझे
माँ कभी सर पे खुली छत नहीं रहने देगी

आपके पास ज़माना नहीं रहने देगा
आपसे दूर मोहब्बत नहीं रहने देगी

शहर के लोग बहुत अच्छे हैं लेकिन मुझको
'मीर' जैसी ये तबीयत नहीं रहने देगी

रास्ता अब भी बदल दीजिए 'राना' साहब
शायरी आपकी इज़्ज़त नहीं रहने देगी

दश्तो-सहरा में कभी उजड़े खण्डर में रहना
उम्र भर कोई न चाहेगा सफ़र में रहना

ऐ ख़ुदा, फूल से बच्चों की हिफ़ाज़त करना
मुफ़लिसी चाह रही है मेरे घर में रहना

इसलिए बैठी हैं दहलीज़ पे मेरी बहनें
फल नहीं चाहते ता-उम्र शजर में रहना

मुद्दतों बाद कोई शख़्स है आने वाला
ऐ मेरे आँसुओ, तुम दीद-ए-तर में रहना

किसको ये फ़िक्र कि हालात कहाँ आ पहुँचें
लोग तो चाहते हैं सिर्फ़ ख़बर में रहना

मौत लगती है मुझे अपने मकाँ की मानिन्द
ज़िन्दगी जैसे किसी और के घर में रहना

हिज्र में पहले-पहल रोना बहुत अच्छा लगा
उम्र कच्ची थी तो फल कच्चा बहुत अच्छा लगा

मैंने एक मुद्दत से मस्जिद भी नहीं देखी मगर
एक बच्चे का अज़ाँ देना बहुत अच्छा लगा

जिस्म पर मेरे बहुत शफ़्फ़ाफ़ कपड़े थे मगर
धूल-मिट्टी में अटा बेटा बहुत अच्छा लगा

शहर की सड़कें हों चाहे गाँव की पगडण्डियाँ
माँ की उँगली थामकर चलना बहुत अच्छा लगा

तार पर बैठी हुई चिड़ियों को सोता देख कर
फ़र्श पर सोता हुआ बच्चा अच्छा लगा

हम तो उसको देखने आये थे इतनी दूर से
वो समझता था हमें मेला बहुत अच्छा लगा

हँसते हुए माँ-बाप की गाली नहीं खाते
बच्चे हैं तो क्यों शौक़ से मिट्टी नहीं खाते

तुमसे नहीं मिलने का इरादा तो है लेकिन
तुमसे न मिलेंगे, ये क़सम भी नहीं खाते

सो जाते हैं फ़ुटपाथ पे अख़बार बिछाकर
मज़दूर कभी नींद की गोली नहीं खाते

बच्चे भी ग़रीबी को समझने लगे शायद
गर जाग भी जाते हैं तो सहरी नहीं खाते

दावत तो बड़ी चीज़ है हम जैसे क़लन्दर
हर एक के पैसों की दवा भी नहीं खाते

अल्लाह ग़रीबों का मददगार है 'राना'
हम लोगों के बच्चे कभी सर्दी नहीं खाते

नये कमरों में अब चीज़ें पुरानी कौन रखता है
परिन्दों के लिए शहरों में पानी कौन रखता है

कहीं भी इन दिनों मेरी तबीयत ही नहीं लगती
तेरी जानिब से दिल में बदगुमानी कौन रखता है

हमीं गिरती हुई दीवार को थामे रहे वर्ना
सलीक़े से बुज़ुर्गों की निशानी कौन रखता है

ये रेगिस्तान है चश्मा कहीं से फूट सकता है
शराफ़त इस सदी में ख़ानदानी कौन रखता है

हमीं भूले नहीं अच्छे-बुरे दिन आज तक वर्ना
मुनव्वर, याद माज़ी की कहानी कौन रखता है

थकन को ओढ़ के बिस्तर में जा के लेट गये
हम अपनी क़ब्रे-मुकर्रर में जा के लेट गये

तमाम उम्र हम इक-दूसरे से लड़ते रहे
मगर मरे तो बराबर में जा के लेट गये

हमारी तश्ना नसीबी का हाल मत पूछो
वो प्यास थी कि समन्दर में जा के लेट गये

न जाने कैसी थकन थी कभी नहीं उतरी
चले जो घर से तो दफ़्तर में जा के लेट गये

ये बेवकूफ़ उन्हें मौत से डराते हैं
जो खुद ही सायः-ए-ख़ंजर में जा के लेट गये

तमाम उम्र जो निकले न थे हवेली से
वह एक गुम्बदे-बेदर में जा के लेट गये

सजाये फिरते थे झूठी अना जो चेहरों पर
वो लोग क़स्रे-सिकन्दर में जा के लेट गये

सज़ा हमारी भी काटी है बाल-बच्चों ने
उदास हम हुए वो घर में जा के लेट गये

सुनो, हँसी के लिए गुदगुदाना पड़ता है
चराग़ जलता नहीं है जलाना पड़ता है

क़लन्दरी भी तो हिस्सा है बादशाही का
जनाब! बीच में लेकिन ख़ज़ाना पड़ता है

मिलेगी मिट्टी से इक दिन हमारी मिट्टी भी
अभी ज़मीन पे क्या क्या बिछाना पड़ता है

मुशायरा भी तमाशा मदार शाह का है
यहाँ हर एक को करतब दिखाना पड़ता है

ये कौन कहता है इनकार करना मुश्किल है
मगर ज़मीर को थोड़ा जगाना पड़ता है

मुख़्तसर होते हुए भी ज़िन्दगी बढ़ जायेगी
माँ की आँखें चूम लीजे रौशनी बढ़ जायेगी

मौत का आना तो तय है मौत आयेगी मगर
आपके आने से थोड़ी ज़िन्दगी बढ़ जायेगी

इतनी चाहत से न देखा कीजिए महफ़िल में आप
शह्र वालों से हमारी दुश्मनी बढ़ जायेगी

आपके हँसने से ख़तरा और भी बढ़ जायेगा
इस तरह तो और आँखों की नमी बढ़ जायेगी

बेवफ़ाई खेल का हिस्सा है जाने दे उसे
तज़किरा उससे न कर शर्मिन्दगी बढ़ जायेगी

किसी की ज़िद में नहीं शौक़िया बनाते हैं
हम आज से तुझे जुगनू! दीया बनाते हैं

हम ऐसे-ऐसे फ़क़ीरों के साथ बैठे हैं
जो ख़ाक छू के उसे कीमिया बनाते हैं

लिपटने लगता है कोई रदीफ़ की सूरत
हम अपने आपको जब क़ाफ़िया बनाते हैं

यही हुनर, यही पेशा, यही ज़रूरत भी
सो हम फ़क़ीर, मियाँ! बोरिया बनाते हैं

यह ख़ुश्क पत्ते बताते हैं हाले-दिल उनको
इसीलिए तो इन्हें डाकिया बनाते हैं

मैं इसके नाज़ उठाता हूँ सो यह ऐसा नहीं करती
यह मिट्टी मेरे हाथों को कभी मैला नहीं करती

खिलौनों की दुकानों की तरफ़ से आप क्यों गुज़रे
ये बच्चे की तमन्ना है यह समझौता नहीं करती

शहीदों की ज़मीं है जिसको हिन्दुस्तान कहते हैं
ये बंजर हो के भी बुज़दिल कभी पैदा नहीं करती

मोहब्बत क्या है दिल के सामने मजबूर हो जाना
जुलेख़ा वर्ना यूसुफ़ का कभी सौदा नहीं करती

गुनहगारों की सफ़ में रख दिया मुझको ज़रूरत ने
मैं ना महरम हूँ लेकिन मुझसे ये पर्दा नहीं करती

अजब दुनिया है तितली के परों को नोच लेती है
अजब तितली है पर नुचने पे भी रोया नहीं करती

आये हो तो इक मोहरे गदागर भी लगा दो
इस चाँद से माथे पे ये झूमर भी लगा दो

अजदाद की ख़ुशबू मुझे जाने नहीं देगी
इस पेड़ के नीचे मेरा बिस्तर भी लगा दो

मुमकिन है मेरे बाद की नस्लें मुझे ढूँढ़ें
बुनियाद में इक नाम का पत्थर भी लगा दो

इस जंग में हारे हुए कहलाओगे तुम ही
चाहो तो नुमाइश में मेरा सर भी लगा दो

यह बाज़ी तो मैं हाथ से जाने नहीं दूँगा
तुम दाँव पे इस बार मुक़द्दर भी लगा दो

मुहाफ़िज़ की तरह उसकी निगहबानी में रहते हैं
मेरे जैसे तो उसके घर की दरबानी में रहते हैं

मुहब्बत एक ऐसा खेल है जिसमें मेरे भाई
हमेशा जीतने वाले पशेमानी में रहते हैं

निकलने ही नहीं देती है अश्कों को मेरी आँखें
कि ये बच्चे हमेशा माँ की निगरानी में रहते हैं

मुक़द्दर में लिखा कर लाये हैं हम दर-ब-दर फिरना
परिन्दे कोई मौसम हो, परेशानी में रहते हैं

मेरी भीगी हुई आँखों में अब यूँ ख़्वाब पलते हैं
कँवल के फूल जैसे झील के पानी में रहते हैं

❖

मैं पटरियों की तरह ज़मीं पर पड़ा रहा
सीने से ग़म गुज़रते रहे रेल की तरह

हवा के रुख़ पे रहने दो ये जलना सीख जायेगा
कि बच्चा लड़खड़ायेगा तो चलना सीख जायेगा

वो पहरों बैठकर तोते से बातें करता रहता है
चलो अच्छा है अब नज़रें बदलना सीख जायेगा

इसी उम्मीद पर हमने बदन को कर लिया छलनी
कि पत्थर खाते-खाते पेड़ फलना सीख जायेगा

ये दिल बच्चे की सूरत है इसे सीने में रहने दो
बुरा होगा जो ये घर से निकलना सीख जायेगा

तुम अपना दिल मेरे सीने में कुछ दिन के लिए रख दो
यहाँ रहकर ये पत्थर भी पिघलना सीख जायेगा

सियासी ईंट से रिश्तों की दीवारें बनाता था
मुहब्बत की क़सम खाता था तलवारें बनाता था

हमारे कासा-ए-सर को न रौंदो इस तरह भाई
हमारा बाप तुम लोगों की दस्तारें बनाता था

मुसाहिब की सफ़ों में भी मेरी गिनती नहीं होती
यही वो मुल्क है जिसकी मैं सरकारें बनाता था

मुक़द्दर कब किसे लाकर कहाँ फेंकेगा, क्या जाने
जो पैदल जा रहा है आदमी कारें बनाता था

किसी भी मोड़ पर तुमसे वफ़ादारी नहीं होगी
हमें मालूम है तुमको ये बीमारी नहीं होगी

तअल्लुक़ की सभी शम्में बुझा दीं इसलिए मैंने
तुम्हें मुझसे बिछड़ जाने में दुश्वारी नहीं होगी

मेरे भाई वहाँ पानी से रोज़ा खोलते होंगे
हटा लो सामने से मुझसे इफ़्तारी नहीं होगी

ज़माने से बचा लाये तो उसकी मौत ने छीना
मुहब्बत इस तरह पहले कभी हारी नहीं होगी

उनके होंठों से मेरे हक़ में दुआ निकली है
जब मरज़ फैल चुका है तो दवा निकली है

एक ही झटके में यह हो गयी टुकड़े-टुकड़े
कितनी कमज़ोर यह ज़ंजीरे-वफ़ा निकली है

जो दीया सामने पड़ता है वो बुझ जाता है
आज लगता है नशा करके हवा निकली है

इत्तिफ़ाक़ इसको न कहिये कि बुरा लगता है
जिस जगह बिछड़े थे हम लोग हिना निकली है

मेरी इन आँखों ने अंजामे-हवस देखा है
सर झुकाये हुए महलों से अना निकली है

ऐसा लगता है कि कर देगा अब आज़ाद मुझे
मेरी मर्ज़ी से उड़ाने लगा सय्याद मुझे

मैं हूँ सरहद पे बने एक मकाँ की सूरत
कब तलक देखिये रखता है वो आबाद मुझे

एक क़िस्से की तरह वह तो मुझे भूल गया
इक कहानी की तरह वह है मगर याद मुझे

कम- से-कम यह तो बता दे कि किधर जायेगी
करके ऐ ख़ाना ख़राबी मेरी, बरबाद मुझे

मैं समझ जाता हूँ इसमें कोई कमज़ोरी है
मेरे जिस शेर पे मिलती है बहुत दाद मुझे

किसी ग़रीब की बरसों की आरज़ू हो जाऊँ
मैं इस सुरंग से निकलूँ तो आबे-जू हो जाऊँ

बड़ा हसीन तक़द्दुस है उसके चेहरे पर
मैं उसकी आँखों में झाँकूँ तो बा वज़ू हो जाऊँ

मुझे पता तो चले मुझमें ऐब हैं क्या-क्या
वो आईना है तो मैं उसके रूबरू हो जाऊँ

किसी तरह भी यह वीरानियाँ हों ख़त्म मेरी
शराबख़ाने के अन्दर की हावहू हो जाऊँ

मेरी हथेली पे होंठों से ऐसी मोहर लगा
कि उम्र भर के लिए मैं भी सुर्ख़रू हो जाऊँ

कमी ज़रा-सी भी मुझमें न कोई रह जाये
अगर मैं ज़ख़्म की सूरत हूँ तो रफ़ू हो जाऊँ

नये मिज़ाज के शहरों में जी नहीं लगता
पुराने वक़्तों का फिर से मैं लखनऊ हो जाऊँ

दरियादिली से अब्रे-करम भी नहीं मिला
लेकिन मुझे नसीब से कम भी नहीं मिला

फिर उँगलियों को ख़ूँ में डुबोना पड़ा हमें
जब हमको माँगने पे क़लम भी नहीं मिला

सच बोलने की राह में तनहा हमीं मिले
इस रास्ते में शैख़े-हरम भी नहीं मिला

मैंने तो सारी उम्र निभाई है दोस्ती
वह मुझसे खा के मेरी क़सम भी नहीं मिला

दिल को ख़ुशी भी हद से ज़ियादा नहीं मिली
कासे के एतबार से ग़म भी नहीं मिला

नये लहजे को, शेरी ज़ाविये को याद रखियेगा
मेरे टाँके हुए हर क़ाफ़िये को याद रखियेगा

यह दुनिया आपको इक रोज़ पलकों पर बिठायेगी
मगर उस वक़्त भी इस बोरिये को याद रखियेगा

मैं जब भी गाँव से चलता हूँ मुझसे गाँव कहता है
मुहर्रम आये तो इस ताज़िये को याद रखियेगा

लिपट जाता है यह कहते हुए नन्हा-सा इक जुगनू
वहाँ की रौशनी में इस दीये को याद रखियेगा

ज़बाने-ख़ास में पैग़ाम देकर उड़ गया कागा
हमें मत भूलियेगा, डाकिये को याद रखियेगा

हवा जब भी पसीना ख़ुश्क करती है तो कहती है
मियाँ! अच्छे दिनों में तौलिये को याद रखियेगा

तुम्हारे जिस्म की ख़ुशबू गुलों से आती है
ख़बर तुम्हारी भी अब दूसरों से आती है

हमीं अकेले नहीं जागते हैं रातों में
उसे भी नींद बड़ी मुश्किलों से आती है

हमारी आँखों को मैला तो कर दिया लेकिन
मुहब्बतों में चमक आँसुओं से आती है

इसीलिए तो अँधेरे हसीन लगते हैं
कि रात मिल के तेरे गेसुओं से आती है

ये किस मक़ाम पे पहुँचा दिया मुहब्बत ने
कि तेरी याद भी अब कोशिशों से आती है

❖

मैंने लफ़्ज़ों को बरतने में लहू थूक दिया
आप तो सिर्फ़ ये देखेंगे ग़ज़ल कैसी है

किसी के दिल में किसी की ग़ज़ल में रहता है
वो ख़ुशनसीब हमेशा महल में रहता है

तमाम उम्र उतरता नहीं नशा इसका
अजीब ज़ायक़ा चाहत के फल में रहता है

हमारे चाहने वाले हमारे घर में नहीं
कोई पड़ोस में कोई बग़ल में रहता है

गुज़रते लम्हों का हर वक़्त एहतराम करो
वो बादशाह था जो अस्तबल में रहता है

है मेरे दिल पे हक़ किसका हुकूमत कौन करता है
इबादतगाह है किसकी, इबादत कौन करता है

वो चिड़ियाँ थीं दुआएँ पढ़ के जो मुझको जगाती थीं
मैं अकसर सोचता था ये तिलावत कौन करता है

चराग़ों से हवा की दुश्मनी थी, घर जला मेरा
सज़ाएँ किसको मिलती हैं शरारत कौन करता है

यहाँ से रेल की पटरी बहुत नज़दीक है 'राना'
चलो ये फ़ैसला कर लें मुहब्बत कौन करता है

निहत्था देख के मुझको लड़ाई करता है
जो काम उसने किया है वो भाई करता है

शिकायतों को नये ज़ाविये दिये उसने
वो आईने से हमारी बुराई करता है

यहाँ रहोगे तो कुछ दिन में जान जाओगे
ज़मीर बेचने वाला कमाई करता है

ये देखना है कहानी कहाँ बदलती है
अभी तलक तो वही बेवफ़ाई करता है

हमारे दिल पर हुकूमत उसी की रहती है
ख़ुदा नहीं है मगर वो ख़ुदाई करता है

उसे ग़रीबों से हमदर्दियाँ नहीं 'राना'
वो अपने नाम की ख़ातिर भलाई करता है

जब भी देखा मेरे किरदार पे धब्बा कोई
देर तक बैठ के तनहाई में रोया कोई

बेसबब आँख में आँसू नहीं आया करते
आपसे होगा यक़ीनन मेरा रिश्ता कोई

याद आने लगा एक दोस्त का बर्ताव मुझे
टूटकर गिर पड़ा जब शाख़ से पत्ता कोई

बाद में साथ निभाने की क़सम खा लेना
देख लो जलता हुआ पहले पतिंगा कोई

उसको कुछ देर सुना लेता हूँ रूदादे-सफ़र
राह में जब कभी मिल जाता अपना कोई

कैसे समझेगा बिछड़ना वो किसी का 'राना'
टूटते देखा नहीं जिसने सितारा कोई

साथ अपने रौनक़ें शायद उठा ले जायेंगे
जब कभी कॉलेज से कुछ लड़के निकाले जायेंगे

हो सके तो दूसरी कोई जगह दे दीजिए
आँख का काजल तो चन्द आँसू बहा ले जायेंगे

कच्ची सड़कों से लिपटकर बैलगाड़ी रो पड़ी
ग़ालिबन परदेस को कुछ गाँव वाले जायेंगे

हम तो इक अख़बार से काटी हुई तस्वीर हैं
जिसको काग़ज़ चुनने वाले कल उठा ले जायेंगे

हादसों की गर्द से ख़ुद को बचाने के लिए
माँ, हम अपने साथ बस तेरी दुआ ले जायेंगे

रात, माज़ी का इक अरमान बहुत याद आया
तू भी ऐसे में मेरी जान बहुत याद आया

तज़किरा था तेरी आँखों का सरे-बज़्म कहीं
और मुझे 'मीर' का दीवान बहुत याद आया

ग़म की सूरत जो मेरे दिल को दिया था तूने
ज़िन्दगी! वो तेरा वरदान बहुत याद आया

जब मेरे हाथ से पैमाना गिरा है 'राना'
एक टूटा हुआ पैमाना बहुत याद आया

ज़ख़्म माज़ी के महकने लगे गेसू की तरह
अब तेरी याद भी आती है तो ख़ुशबू की तरह

मौत जल्लाद की मानिन्द खड़ी है सर पर
ज़ीस्त ख़ामोश है सहमे हुए आहू की तरह

तेरी ज़ुल्फ़ों की घनी छाँव न मिल पायी हमें
ज़िन्दगी काट दी जलते हुए साखू की तरह

मै को ये सोच के हम हाथ लगाते ही नहीं
ये भी बेकैफ़ है मज़लूम के आँसू की तरह

उसकी आँखों में समन्दर की-सी गहराई है
और चेहरा किसी बहते हुए टापू की तरह

रोते हुए बिछड़ने की फ़सलें चली गयीं
शहरों से अब ख़ुलूस की रस्में चली गयीं

परदेस जाने वाले कभी लौट आयेंगे
लेकिन इस इन्तज़ार में आँखें चली गयीं

लौटा हूँ जंग हार के जब ये पता चला
राखी ज़मीं पे फेंक के बहनें चली गयीं

दिन-रात के सफ़र का नतीजा ये है कि अब
आँखों से सारी उम्र की नींदें चली गयीं

जिस्म का बरसों पुराना ये खण्डर गिर जायेगा
आँधियों का ज़ोर कहता है शजर गिर जायेगा

हम तवक़्क़ो से ज़्यादा सख़्त जाँ साबित हुए
वो समझता था कि पत्थर से समर गिर जायेगा

अब मुनासिब है कि तुम काँटों को दामन सौंप दो
फूल तो ख़ुद ही किसी दिन सूखकर गिर जायेगा

मेरी गुड़िया-सी बहन को ख़ुदकुशी करना पड़ी
क्या ख़बर थी, दोस्त मेरा इस क़दर गिर जायेगा

इसलिए मैंने बुज़ुर्गों की ज़मीनें छोड़ दीं
मेरा घर जिस दिन बसेगा, तेरा घर गिर जायेगा

बिछड़ने वालों का अब इन्तज़ार क्या करना
उड़ा दिये तो कबूतर शुमार क्या करना

हमारे हाथ में तलवार भी है, मौक़ा भी
मगर गिरे हुए दुश्मन पे वार क्या करना

वो आदमी है तो अहसासे-जुर्म काफ़ी है
वो संग है तो उसे संगसार क्या करना

बदन में ख़ून नहीं हो तो ख़ूँ बहा कैसा
मगर अब इसका बयाँ बार-बार क्या करना

चराग़े-आख़िरे-शब जगमगा रहा है मगर
चराग़े-आख़िरे-शब का शुमार क्या करना

जल रहे हैं धूप में लेकिन इसी सहरा में हैं
क्या ख़बर वहशत को हम भी शहरे-कलकत्ता में हैं

हम हैं गुज़रे वक़्त की तहज़ीब के रौशन चराग़
फ़ख़्र कर अर्ज़े-वतन हम आज तक दुनिया में हैं

मछलियाँ तक ख़ौफ़ से दरिया किनारे आ गयीं
ये हमारा हौसला है हम अगर दरिया में हैं

हमको बाज़ारों की ज़ीनत के लिए तोड़ा गया
फूल होकर भी कहाँ हम गेसू-ए-लैला में हैं

मेरे पीछे आने वालों को कहाँ मालूम है
ख़ून के धब्बे भी शामिल मेरे नक़्शे-पा में हैं

ऐब-जूई से अगर फ़ुर्सत मिले तो देखना
दोस्तो! कुछ ख़ूबियाँ भी हज़रते-'राना' में हैं

मेरे कमरे में अँधेरा नहीं रहने देता
आपका ग़म मुझे तनहा नहीं रहने देता

मुफ़लिसी घर में ठहरने नहीं देती हमको
और परदेस में बेटा नहीं रहने देता

तश्नगी मेरा मुक़द्दर है इसी से शायद
मैं परिन्दों को भी प्यासा नहीं रहने देता

रेत पर खेलते बच्चों को अभी क्या मालूम
कोई सैलाब घरौंदा नहीं रहने देता

ग़म से लछमन की तरह भाई का रिश्ता है मेरा
मुझको जंगल में अकेला नहीं रहने देता

तुझे अकेले पढ़ूँ कोई हम सबक़ न रहे
मैं चाहता हूँ कि तुझ पर किसी का हक़ न रहे

मुझे जुदाई के मौसम पे एतराज़ नहीं
मेरी दुआ है कि उसको भी कुछ क़लक़ न रहे

वो मुझको छोड़ न देता तो और क्या करता
मैं वो किताब हूँ जिसके कई वरक़ न रहे

उसे भी हो गयी मुद्दत किताबे दिल-खोले
मुझे भी याद पुराने कई सबक़ न रहे

वो हमसे छीन के माज़ी भी ले गया 'राना'
हम उसको याद भी करने के मुस्तहक़ न रहे

तलाश करते हैं उनको ज़रूरतों वाले
कहाँ गये वो पुरानी शराफ़तों वाले

तमाम उम्र सलामत रहें दुआ है यही
हमारे सर पे हैं जो हाथ बरकतों वाले

हम एक तितली की ख़ातिर भटकते फिरते थे
कभी न आयेंगे वो दिन शरारतों वाले

ज़रा-सी बात पे आँखें बरसने लगती थीं
कहाँ चले गये मौसम वो चाहतों वाले

बँधे हुए हैं मेरे हाथ पुश्त की जानिब
कहाँ हैं, आयें पुरानी अदावतों वाले

ख़ानदानी विरासत के नीलाम पर आप अपने को तैयार करते हुए
उस हवेली के सारे मकीं रो दिये उस हवेली को बाज़ार करते हुए

दोस्ती-दुश्मनी दोनों शामिल रहीं दोस्तों की नवाज़िश थी कुछ इस तरह
काट ले शोख़ बच्चा कोई जिस तरह माँ के रुख़सार पर प्यार करते हुए

दुख बुज़ुर्गों ने काफ़ी उठाये मगर मेरा बचपन बहुत ही सुहाना रहा
उम्र भर धूप में पेड़ जलते रहे अपनी शाख़ें समरदार करते हुए

माँ की ममता घने बादलों की तरह सर पे साया किये साथ चलती रही
एक बच्चा किताबें लिये हाथ में ख़ामोशी से सड़क पार करते हुए

भीगी पलकें मगर मुस्कुराते हुए जैसे पानी बरसने लगे धूप में
मैंने 'राना' मगर मुड़ के देखा नहीं घर की दहलीज़ को पार करते हुए

बला से दाद कम मिलती मगर मेआर बच जाता
अगर परहेज़ कर लेता तो ये बीमार बच जाता

मेरे जज़्बात गूँगे थे ज़बाँ खोली नहीं अपनी
नहीं तो ग़ैर-मुमकिन था मेरा किरदार बच जाता

बनाकर घोंसला रहता था इक जोड़ा कबूतर का
अगर आँधी नहीं आती तो ये मीनार बच जाता

हमें तो एक दिन मरना था हम चाहे जहाँ मरते
उसे शर्मिन्दगी होती जो उसका वार बच जाता

बुज़ुर्गों की बनाई ये इमारत बिकने वाली है
जो तुम ग़ज़लें नहीं कहते तो कारोबार बच जाता

हालाँकि हमें लौट के जाना भी नहीं है
कश्ती मगर इस बार जलाना भी नहीं है

तलवार न छूने की क़सम खायी है लेकिन
दुश्मन को कलेजे से लगाना भी नहीं है

ये देख के मक़तल में हँसी आती है मुझको
सच्चा मेरे दुश्मन का निशाना भी नहीं है

मैं हूँ, मेरा बच्चा है, खिलौनों की दुकाँ है
अब कोई मेरे पास बहाना भी नहीं है

पहले की तरह आज भी हैं तीन ही शायर
ये राज़ मगर सबको बताना भी नहीं है

दुनिया के दिखाने को अना ओढ़े हुए है
जो शख़्स दुशाला भी मेरा ओढ़े हुए है

क़िस्मत की लकीरों का पता कैसे चलेगा
तेरी यह हथेली तो हिना ओढ़े हुए है

इस शख़्स ने च्यूँटी भी नहीं मारी है अब तक
यह सिर्फ़ मुरव्वत में सज़ा ओढ़े हुए है

अब आगे जो अल्लाह की मर्ज़ी है वो होगा
बीमारी अभी तक तो दवा ओढ़े हुए है

बे-ग़ौरो कफ़न लाश कहीं होगी यक़ीनन
क्यों धूल की चादर ये हवा ओढ़े हुए है

छू सकती नहीं मौत भी आसानी से इसको
ये बच्चा अभी माँ की दुआ ओढ़े हुए है

हर तरह के मौसम से गुज़रती भी यही है
यह शाख़ जो फूलों की क़बा ओढ़े हुए है

अल्लाह ने चाहा तो यह महफ़ूज़ रहेगा
यह शहर बुज़ुर्गों की दुआ ओढ़े हुए है

खुश-खुश दिखाई देता हूँ बीमार मैं भी हूँ
अकसर यह सोचता हूँ अदाकार मैं भी हूँ

करता रहा हूँ अपने मसाएल से रोज़ जंग
छोटे से इक क़बीले का सरदार मैं भी हूँ

मैं जुगनुओं की दिन में हिफ़ाज़त न कर सका
इतना तो रौशनी का गुनहगार मैं भी हूँ

मिट्टी की मूरतें ये बड़ी हो रही हैं अब
मौला तेरे करम का तलबगार मैं भी हूँ

तिनके की यूँ तो कोई हक़ीक़त नहीं मगर
इक डूबते हुए का मददगार मैं भी हूँ

दरिया में मत बहाओ कि इस मुल्क में अभी
दो गज़ ज़मीन का तो ज़मींदार मैं भी हूँ

ये शह्रे-रौशनी है यहाँ से निकल चलो
मिट्टी का इक दीया हूँ सो बेकार मैं भी हूँ

थोड़ी-बहुत बुज़ुर्गों की पूँजी है मेरे पास
थोड़ा-बहुत तो साहिबे-किरदार मैं भी हूँ

दीवानगी पे आये तो सहरा भी कम पड़ा
लेकिन हवस को सोने का गहना भी कम पड़ा

तुम-हम सफ़र थे इसलिए रस्ता भी कम पड़ा
मंज़िल भी आ गयी मुझे चलना भी कम पड़ा

वह जा रहा था रिश्तों की ज़ंजीर काटकर
इस बार उसके जाने पे रोना भी कम पड़ा

मैं दिल से बादशाह था शायद इसीलिए
दरबार में फ़क़ीर को झुकना भी कम पड़ा

कल तक दिखाई देता था घर भी बड़ा हमें
तुम थे तो अब के शहर में जाड़ा भी कम पड़ा

यह सर बुलन्द होते ही शाने के कट गया
मैं मोहतरम हुआ तो ज़माने से कट गया

माँ आज मुझको छोड़ के गाँव चली गयी
मैं आज अपने आईना ख़ाने से कट गया

जूड़े की शान बढ़ गयी महफ़िल महक उठी
लेकिन ये फूल अपने घराने से कट गया

ऐ आँसुवो! तुम्हारी ज़रूरत है अब मुझे
कुछ मैल तो बदन का नहाने से कट गया

इस पेड़ से किसी को शिकायत न थी मगर
यह पेड़ सिर्फ़ बीच में आने से कट गया

वर्ना वही उजाड़ हवेली थी ज़िन्दगी
तुम आ गये तो वक़्त ठिकाने से कट गया

उसकी आँखों में मुरव्वत का ये सुर्मा रह जाये
मेरे अल्लाह यही एक जज़ीरा रह जाये

अपनी क़िस्मत भी है इक ऐसे मुसाफ़िर जैसी
जिसको सब छोड़ के चल देते हों तन्हा रह जाये

सल्तनत भी नहीं अच्छी है अगर दोस्त न हो
कुछ दिनों आ के मेरे पास सुदामा रह जाये

मैंने देखा है यतीमों को दुआयें करते
कम-से-कम चाँद न डूबे यही मामा रह जाये

नींद से बढ़ के नहीं कोई भी दौलत लेकिन
उससे भी पूछिये जो रेल में सोता रह जाये

आपकी याद मुझे देख के पहचान तो ले
कम-से-कम इतना तो कमरे में उजाला रह जाये

उनसे अब और मरासिम तो नहीं बढ़ सकते
दरमियाँ है जो तअल्लुक़ वही ज़िन्दा रह जाये

जाते-जाते हमें इतनी तो नसीहत कर जायें
हम रुकें शहर में या शहर से हिजरत कर जायें

हम भी घर लौट के जाते हुए बच्चों की तरह
ज़िन्दगी, क्यों न यहाँ थोड़ी शरारत कर जायें

उम्र भर दूसरा कोई तुम्हें अच्छा न लगे
कम-से-कम इतनी तो हम तुमसे मुहब्बत कर जायें

चश्मे साक़ी की तवज्जोह के तलबगार हैं सब
आप जाते हुए इस पानी को शर्बत कर जायें

हम तेरी बज़्म में आयें तो ख़ामोशी ओढ़े
और जब जाने लगें शोरे क़यामत कर जायें

अभी अहसासे-गुलामी नहीं निकला दिल से
आप कुछ रोज़ यहाँ और हुकूमत कर जायें

कुछ भी हो जाये फ़क़ीरों से न उलझे ये कभी
शाहज़ादे को बस इतनी सी वसीयत कर जायें

उसकी इज़्ज़त ही नहीं जाँ के भी लाले पड़ जायें
जिसके पीछे भी तेरे चाहने वाले पड़ जायें

फिर जगह कौन-सी बचती है हमारी ख़ातिर
मस्जिदों में भी अगर ख़ौफ़ से ताले पड़ जायें

यह हवस बारहा बाज़ार में ले आयी है
ऐ शिकम! तुझमें भी दो-चार निवाले पड़ जायें

मैं जहाँ रहता हूँ पत्थर भी नहीं रह सकते
आप कुछ देर ठहर जायें तो काले पड़ जायें

चारागर जिस्म के छालों की दवा देता है
अब ये क़िस्मत है अगर रूह में छाले पड़ जायें

बादशाहत की हवस दिल से चली जाती है
आपको महँगे न मिट्टी के पियाले पड़ जायें

बेगुनाही मेरा ईमान है तुझ पर लेकिन
कहीं इंसाफ़ की आँखों में न ताले पड़ जायें

मैं हूँ अगर चराग़ तो जल जाना चाहिए
मैं पेड़ हूँ तो पेड़ को फल जाना चाहिए

रिश्ते को क्यों उठाये कोई बोझ की तरह
अब उसकी ज़िन्दगी से निकल जाना चाहिए

जब दोस्ती भी फूँक के रखने लगे क़दम
फिर दुश्मनी तुझे भी सँभल जाना चाहिए

मेहमान अपनी मर्ज़ी से जाते नहीं कभी
तुमको मेरे ख़याल से कल जाना चाहिए

नौटंकी बन गया हो जहाँ पर मुशायरा
ऐसी जगह सुनाने ग़ज़ल जाना चाहिए

इस घर को अब हमारी ज़रूरत नहीं रही
अब आफ़ताबे-उम्र को ढल जाना चाहिए

रंजिश की आँच करिए जाँ तक पहुँच गयी
छोटी-सी बात बढ़ के कहाँ तक पहुँच गयी

इस ख़ौफ़ से कि मुल्क का नक़्शा बदल न जाये
ख़ामोश थे तो बात यहाँ तक पहुँच गयी

कुम्हला दिये हैं फूल-से चेहरे फ़साद ने
मासूमियत भी नोके-सिनाँ तक पहुँच गयी

इतराती फिर रही है सियासत की नायिका
रक़्क़ासा जब से पीरे-मुग़ाँ तक पहुँच गयी

हमको मुसाफ़िरत के दुखों से बचा लिया
रुसवाई ख़ुद हमारे मकाँ तक पहुँच गयी

मैदान छोड़ देने से मैं बच तो जाऊँगा
लेकिन जो ये ख़बर मेरी माँ तक पहुँच गयी?

नुमाइश के लिए गुलकारियाँ दोनों तरफ़ से हैं
लड़ाई की मगर तैयारियाँ दोनों तरफ़ से हैं

मुलाक़ातों पे हँसते-बोलते हैं, मुस्कुराते हैं
तबीयत में मगर बेज़ारियाँ दोनों तरफ़ से हैं

खुले रखते हैं दरवाज़े दिलों के रात-दिन दोनों
मगर सरहद पे पहरेदारियाँ दोनों तरफ़ से हैं

उसे हालात ने रोका मुझे मेरे मसायल ने
वफ़ा की राह में दुश्वारियाँ दोनों तरफ़ से हैं

मेरा दुश्मन मुझे तकता है मैं दुश्मन को तकता हूँ
कि हायल राह में किलकारियाँ दोनों तरफ़ से हैं

मुझे घर भी बचाना है वतन को भी बचाना है
मेरे काँधे पे ज़िम्मेदारियाँ दोनों तरफ़ से हैं

वादे का बिखर जाना मुनासिब नहीं होगा
बिन उसके सँवर जाना मुनासिब नहीं होगा

दहलीज़ पे सर खोले खड़ी होगी ज़रूरत
अब ऐसे में घर जाना मुनासिब नहीं होगा

इस चेहरे में पोशीदा है इक क़ौम का चेहरा
चेहरे का उतर जाना मुनासिब नहीं होगा

लड़ना ही मुक़द्दर है तो फिर लड़ के मरेंगे
ख़ामोशी से मर जाना मुनासिब नहीं होगा

ले-दे के तेरी एक निशानी तो बची है
इस ज़ख़्म का भर जाना मुनासिब नहीं होगा

❖

वो पढ़ता जा रहा है रो रहा है
मेरा चेहरा भी कतबा हो रहा है

वो मुझे जुरअते-इज़हार से पहचानता है
मेरा दुश्मन भी मुझे वार से पहचानता है

शहर वाक़िफ़ है मेरे फ़न की बदौलत मुझसे
आपको जुब्बा-ओ-दस्तार से पहचानता है

फिर कबूतर की वफ़ादारी पे शक मत करना
वो तो घर को इसी मीनार से पहचानता है

कोई दुख हो कभी कहना नहीं पड़ता उससे
वो ज़रूरत को तलबगार से पहचानता है

उसको ख़ुशबू के परखने का सलीक़ा ही नहीं
फूल को क़ीमते-बाज़ार से पहचानता है

पैरों को मेरे दीद-ए-तर बाँधे हुए है
ज़ंजीर की सूरत मुझे घर बाँधे हुए है

हर चेहरे में आता है नज़र एक ही चेहरा
लगता है कोई मेरी नज़र बाँधे हुए है

बिछड़ेंगे तो मर जायेंगे हम दोनों के रिश्ते
इक डोर में हमको यही डर बाँधे हुए है

परवाज़ की ताक़त भी नहीं बाक़ी है लेकिन
सैयाद अभी तक मेरे पर बाँधे हुए है

आँखें तो उसे घर से निकलने नहीं देतीं
आँसू सामाने-सफ़र बाँधे हुए है

हम हैं कि कभी ज़ब्त का दामन नहीं छोड़ा
दिल है कि धड़कने पे कमर बाँधे हुए है

फेंकी न मुनव्वर ने बुज़ुर्गों की निशानी
दस्तार पुरानी है मगर बाँधे हुए है

आपस में दोनों मुल्कों का परचम बदल गया
कल रात उसके ग़म से मेरा ग़म बदल गया

बिल्कुल उदास बच्चे की सूरत था कल तलक
तुम हँस दिये तो शहर का मौसम बदल गया

उसमें वो पहले जैसी कोई बात ही न थी
अब के वह शख़्स लौटा तो इक दम बदल गया

चारागरी भी अपने हुनर पर अड़ी रही
मेरे भी ज़ख़्म खुश हैं कि मरहम बदल गया

दौलत भी कैसे-कैसे दिखाती है मोजिज़े
इक बेहया के पेड़ से शीशम बदल गया

सहरा पसन्द हो के सिमटने लगा हूँ मैं
अन्दर से लग रहा है कि बँटने लगा हूँ मैं

क्या फिर किसी सफ़र पे निकलना है अब मुझे
दीवारो-दर से क्यों ये लिपटने लगा हूँ मैं

आते हैं जैसे-जैसे बिछड़ने के दिन क़रीब
लगता है जैसे रेल से कटने लगा हूँ मैं

क्या मुझमें एहतिजाज की ताक़त नहीं रही
पीछे की सिम्त किसलिए हटने लगा हूँ मैं

फिर सारी उम्र चाँद ने रक्खा मेरा ख़याल
इक रोज़ कह दिया था कि घटने लगा हूँ मैं

अच्छी-से-अच्छी आबो-हवा के बग़ैर भी
ज़िन्दा हैं कितने लोग दवा के बग़ैर भी

साँसों का कारोबार बदन की ज़रूरतें
सब कुछ तो चल रहा है दुआ के बग़ैर भी

बरसों से इस मकान में रहते हैं चन्द लोग
इक-दूसरे के साथ वफ़ा के बग़ैर भी

अब ज़िन्दगी का कोई भरोसा नहीं रहा
मरने लगे हैं लोग कज़ा के बग़ैर भी

हम बेक़ुसूर लोग भी दिलचस्प लोग हैं
शर्मिन्दा हो रहे हैं ख़ता के बग़ैर भी

चारागरी बताये अगर कुछ इलाज है
दिल टूटने लगे हैं सदा के बग़ैर भी

वह बिछड़कर भी कहाँ मुझसे जुदा होता है
रेत पर ओस से इक नाम लिखा होता है

ख़ाक आँखों से लगाई तो हुआ यह अहसास हुआ
अपनी मिट्टी से हर इक शख़्स जुड़ा होता है

सारी दुनिया का सफ़र ख़्वाब में कर डाला है
कोई मंज़र हो मेरा देखा हुआ होता है

मैं भुलाना भी नहीं चाहता इसको लेकिन
मुस्तक़िल ज़ख़्म का रहना भी बुरा होता है

ख़ौफ़ में डूबे हुए शहर की क़िस्मत है यही
मुन्तज़िर रहता है हर शख़्स कि क्या होता है

दुनिया सुलूक करती है हलवाई की तरह
तुम भी उतारे जाओगे बालाई की तरह

माँ-बाप मुफ़लिसों की तरह देखते हैं बस
क़द बेटियों के बढ़ते हैं महँगाई की तरह

अब तक हमारी आँखों में मंज़र वो क़ैद है
रुख़सत हुए थे आप भी बीनाई की तरह

हम चाहते हैं रक्खे ज़माना हमें भी याद
ग़ालिब के शेर, तुलसी की चौपाई की तरह

हमसे हमारी पिछली कहानी न पूछिये
हम ख़ुद उधड़ने लगते हैं तुरपाई की तरह

सूना पड़ा था दिल का नगर एक उम्र से
तेरे बग़ैर जाड़े की अँगनाई की तरह

मिलता था आते-जाते हुए रास्ते में रोज़
पीपल का एक पेड़ बड़े भाई की तरह

जीना था जितना जी लिया अपने नसीब का
अब तो मैं जी रहा हूँ तुम्हारे नसीब का

होता नहीं था मेरा निशाना कभी ख़ता
दुश्मन निकल गया मगर अच्छे नसीब का

अपने नसीब पर तो भरोसा नहीं हमें
देखेंगे हम करिश्मा तुम्हारे नसीब का

किस मुँह से आयेगी मुझे दुनिया नवाज़ने
दुनिया को ख़ुद ही मिलता है मेरे नसीब का

हम कुण्डलियों का लिक्खा हुआ मानते नहीं
हम फ़ैसला करेंगे ख़ुद अपने नसीब का

किताबे-जिस्म पर इफ़लास की दीमक का क़ब्ज़ा है
जो चेहरा चाँद जैसा था वहाँ चेचक का क़ब्ज़ा है

बहुत दिन हो गये तुमने पुकारा था मुझे लेकिन
अभी तक दिल के दरवाज़े पे उस दस्तक का क़ब्ज़ा है

तेरा ग़म हुक्मरानी कर रहा है इन दिनों दिल पर
मेरी जागीर पर मेरे ही लेपालक का क़ब्ज़ा है

मेरे जैसे बहुत से सरफिरों ने जान तक दे दी
मगर उर्दू ग़ज़ल पर आज तक ढोलक का क़ब्ज़ा है

ग़रीबों पर तो मौसम भी हुकूमत करते रहते हैं
कभी बारिश, कभी गर्मी, कभी ठण्डक का क़ब्ज़ा है

हमारे रहबरों को फ़िक्र रहती है हुकूमत की
हमारे आलिमों के ज़ेहन पर मसलक का क़ब्ज़ा है

❖

शोहरत मिली तो उसने भी लहजा बदल दिया
दौलत ने कितने लोगों का शजरा बदल दिया

मिलेगा जब उसे ये ख़त लिखा हुआ मेरा
वो उसके बाद न देखेगा रास्ता मेरा

नहीं तो फिर ये उदासी ही रास क्यों आयी
ज़रूर 'मीर' से मिलता है सिलसिला मेरा

ये सोचकर मुझे ले जाओ दार की जानिब
तुम्हीं बनाओगे एक दिन मुजस्समा मेरा

तुम्हारे शहर से रुख़सत का वक़्त आ पहुँचा
जो हो सके तो भुला दो कहा-सुना मेरा

मैं इस ख़याल से जाता नहीं हूँ गाँव कभी
वहाँ के लोगों ने देखा है बचपना मेरा

❖

लबों पे उसके कभी बददुआ नहीं होती
बस एक माँ है जो मुझसे ख़फ़ा नहीं होती

मैं इक फ़क़ीर के होंठों की मुस्कुराहट हूँ
किसी से भी मेरी क़ीमत अदा नहीं होती

कच्चे समर शजर से अलग कर दिये गये
हम कमसिनी में घर से अलग कर दिये गये

लिक्खी गयीं हमारे लहू से ही सुर्ख़ियाँ
लेकिन हमीं ख़बर से अलग कर दिये गये

उन बच्चों जैसा हाल है अपना जो बेसबब
माँ-बाप की नज़र से अलग कर दिये गये

बस इतनी मुख़्तसर है बिछड़ने की दास्ताँ
आँचल थे और सर से अलग कर दिये गये

अब जा के एक उम्र पे ये राज़ खुल सका
हम ऐब थे हुनर से अलग कर दिये गये

मुफ़लिसी पासे-शराफ़त नहीं रहने देगी
ये हवा पेड़ सलामत नहीं रहने देगी

शहर के शोर से घबरा के अगर भागोगे
फिर तो जंगल में भी वहशत नहीं रहने देगी

कुछ नहीं होगा तो आँचल में छुपा लेगी मुझे
माँ कभी सर पे खुली छत नहीं रहने देगी

आपके पास ज़माना नहीं रहने देगा
आपसे दूर मुहब्बत नहीं रहने देगी

शहर के लोग बहुत अच्छे हैं लेकिन मुझको
'मीर' जैसी ये तबीयत नहीं रहने देगी

रास्ता अब भी बदल दीजिए 'राना' साहब
शायरी आपकी इज़्ज़त नहीं रहने देगी

उधर ये हुक्मे-ख़ुदा है उठा लिया जाये
इधर मरीज़ की ख़्वाहिश बचा लिया जाये

समझ गया है कि मौसम बदलने वाला है
ग़रीब कहता है सबको बुला लिया जाये

परिन्दे चोंच में तिनके दबाये जाते हैं
मैं सोचता हूँ कि अब घर बसा लिया जाये

वो मेरी आँखों में रहता है पुतलियों की तरह
वो मेरा शेर नहीं जो चुरा लिया जाये

हम उसके ग़म में हमेशा तबाह रहते हैं
इसी से आँखों के हल्क़े सियाह रहते हैं

छलकती रहती हैं आँखें हमेशा अश्कों से
हमारे साथ हमारे गवाह रहते हैं

चुका के क़र्ज़ मैं साँसों का लौट जाऊँगा
वो और हैं जो यहाँ ख़ामख़ाह रहते हैं

तेरा ख़याल, तेरा ग़म, ग़मे-ज़माना भी
महल में दिल के कई बादशाह रहते हैं

बिलखते-चीख़ते बच्चों को रोता छोड़कर जाना
अभी देखा नहीं तुमने किसी का दार पर जाना

मुसाफ़िर भीगती आँखों का लिक्खा पढ़ नहीं पाते
पलटना गाँव को तो मोड़ पर तहरीर कर जाना

परेशानी का मौसम भी बहुत दिलचस्प मौसम है
मेरे चेहरे को लोगों ने ग़मों का पोस्टर जाना

ये माना गाँव की पगडण्डियाँ हमको बुलाती हैं
मगर मुश्किल बहुत है अब हमारा लौटकर जाना

बवक़्ते दुश्मनी उसकी यही ताकीद थी 'राना'
किसी से बात मत करना जो हमसे रूठकर जाना

न जाने कौन-सी मजबूरियों में रहने लगे
मकान बेच के कालोनियों में रहने लगे

लिखी हुई थी मुक़द्दर में मौत पानी की
यही सबब है कि हम कश्तियों में रहने लगे

हमें बुज़ुर्गों की शफ़क़त कभी न मिल पायी
नतीजा ये है कि हम लोफ़रों में रहने लगे

पनाह दे न सका जब तुम्हारा शहर हमें
ख़ुदा का नाम लिया मस्जिदों में रहने लगे

लज़्ज़ते गिरया से दिल जब आशना हो जायेगा
तुझ पे हर लम्हा मसर्रत का सज़ा हो जायेगा

जब हवा सूखे हुए पत्ते उड़ा ले जायेगी
मेरी ख़ातिर कोई मसरूफ़े-दुआ हो जायेगा

मैं वसीयत कर सका कोई, न वादा ले सका
मैंने सोचा भी नहीं था हादसा हो जायेगा

रास्ता तकती हुई आँखों से चलकर मिल भी ले
फल बदलते मौसमों में बेमज़ा हो जायेगा

भीख से तो भूख अच्छी गाँव को वापस चलो
शहर में रहने से ये बच्चा बुरा हो जायेगा

हम, सायादार पेड़ ज़माने के काम आये
जब सूखने लगे तो जलाने के काम आये

तलवार की मियान कभी फेंकना नहीं
मुमकिन है दुश्मनों को डराने के काम आये

कच्चा समझ के बेच न देना मकान को
शायद ये कभी सर को छुपाने के काम आये

बड़े शहरों में भी रहकर बराबर याद करता था
वो एक छोटे से इस्टेशन का मंज़र याद करता था

बहन का प्यार, माँ की मामता, दो चीख़ती आँखें
यही तोहफ़े थे वो जिनको मैं अकसर याद करता था

न जाने कौन-सी मजबूरियाँ परदेस लायी थीं
वो जितनी देर भी ज़िन्दा रहा, घर याद करता था

उसे मुझसे बिछड़ने पर निदामत तो नहीं लेकिन
कहीं मिल जाये तो कहना 'मुनव्वर' याद करता था

चुभने लगेगा आँखों में मंज़र न देखिए
इन खिड़कियों से झाँक के बाहर न देखिए

मजबूर दिल के हाथों न होना पड़े मुझे
जा ही रहे हैं आप तो मुड़कर न देखिए

आँखों में रह न जाये कहीं पस्तियों का अक्स
इतनी बुलन्दियों से मेरा घर न देखिए

मासूमियत पे आपकी हँसने लगेगी झील
कच्चे घड़े को पानी से भरकर न देखिए

रोना पड़ेगा बैठ के अब देर तक मुझे
मैं कह रहा था आपसे, हँसकर न देखिए

काँटों की रहगुज़र हो कि फूलों का रास्ता
फैला दिये हैं पाँव तो चादर न देखिए

हुमकते, खेलते बच्चों की शैतानी नहीं जाती
मगर फिर भी हमारे घर से वीरानी नहीं जाती

निगाहें मुस्तक़िल पड़ती हैं इस पर ज़रपरस्तों की
भिखारन के बदन की फिर भी उरयानी नहीं जाती

हमारे दोस्तों ने हम पे पत्थर तो बहुत फेंके
मगर फिर भी हमारी ख़न्दापेशानी नहीं जाती

किसी बच्चे का ये जुमला अभी तक याद है 'राना'
यतीमों को पढ़ाने कोई उस्तानी नहीं जाती

सहरा में रह के क़ैस ज़ियादा मज़े में है
दुनिया समझ रही है कि लैला मज़े में है

बरबाद कर दिया हमें परदेस ने मगर
माँ सबसे कह रही है कि बेटा मज़े में है

है रूह बेक़रार अभी तक यज़ीद की
वो इसलिए कि आज भी प्यासा मज़े में है

दुनिया अगर मज़ाक़ बदल दे तो और बात
अब तक तो झूठ बोलने वाला मज़े में है

शायद उसे ख़बर भी नहीं है कि इन दिनों
बस इक वही उदास है 'राना' मज़े में है

हमारे साथ चलकर देख लें ये भी चमन वाले
यहाँ अब कोयला चुनते हैं फूलों-से बदन वाले

बड़ी बेचारगी से लौटती बारात तकते हैं
बहादुर हो के भी मजबूर होते हैं दुल्हन वाले

हमारी चीख़ती आँखों ने जलते शहर देखे हैं
बुरे लगते हैं अब क़िस्से हमें भाई-बहन वाले

गुज़रता वक़्त मरहम की तरह ज़ख़्मों को भर देगा
हमें भी रफ़्ता-रफ़्ता भूल जायेंगे वतन वाले

जो घर वालों की मजबूरी का सौदा कर लिया हमने
हमें ज़िन्दा न छोड़ेंगे हमारी यूनियन वाले

जो मसलहत के क़फ़स में असीर हो जाता
मुझे यक़ीन है मैं भी वज़ीर हो जाता

मैं दस्तो-इल्म में रहकर क़लम की सूरत हूँ
अगर कमान में रहता तो तीर हो जाता

मैं अपने दिल को बड़ी बन्दिशों में रखता हूँ
नहीं तो और ये बच्चा शरीर हो जाता

ज़मीर बेचने वालों से दोस्ती न हुई
वगरना सुबह से पहले अमीर हो जाता

मेरा मक़ाम तेरे शहर ने नहीं समझा
अगर मैं दिल्ली में रहता तो 'मीर' हो जाता

बिछड़ते वक़्त भी चेहरा नहीं उतरता है
यहाँ सरों से दुपट्टा नहीं उतरता है

मुझे बुलाता है मक़तल मैं किस तरह जाऊँ
कि मेरी गोद से बच्चा नहीं उतरता है

हवेलियों की छतें गिर गयीं मगर अब तक
मेरे बुज़ुर्गों का नश्शा नहीं उतरता है

कोई पड़ोस में भूखा है इसलिए शायद
मेरे गले से निवाला नहीं उतरता है

अज़ाब उतरेंगे शायद मेरी ज़मीनों पर
कि नेकियों का फ़रिश्ता नहीं उतरता है

मेरे कटे हुए बाज़ू भी देखकर 'राना'
मेरे हरीफ़ का ग़ुस्सा नहीं उतरता है

ख़ाली-ख़ाली न यूँ ही दिल का मकाँ रह जाये
तुम ग़मे-यार से कह दो कि यहाँ रह जाये

रूह भटकेगी तो बस तेरे लिए भटकेगी
जिस्म का क्या है भरोसा ये कहाँ रह जाये

एक मुद्दत से मेरे दिल में वो यूँ रहता है
जैसे कमरे में चराग़ों का धुवाँ रह जाये

इसलिए ज़ख़्मों को मरहम से नहीं मिलवाया
कुछ-न-कुछ आपकी क़ुर्बत का निशाँ रह जाये

नाकामियों के बाद भी हिम्मत वही रही
ऊपर का दूध पी के भी ताक़त वही रही

शायद ये नेकियाँ हैं हमारी कि हर जगह
दस्तार के बग़ैर भी इज़्ज़त वही रही

मैं सर झुका के शहर में चलने लगा मगर
मेरे मुख़ालिफ़ीन में दहशत वही रही

जो कुछ मिला था माले-ग़नीमत में लुट गया
मेहनत से जो कमायी थी दौलत वही रही

क़दमों में ला के डाल दीं सब नेमतें मगर
सौतेली माँ को बच्चे से नफ़रत वही रही

खाने की चीज़ें माँ ने जो भेजी हैं गाँव से
बासी भी हो गयी हैं तो लज़्ज़त वही रही

किस दिन कोई रिश्ता मेरी बहनों को मिलेगा
कब नींद का मौसम मेरी आँखों को मिलेगा

ये सोच के माँ-बाप की ख़िदमत में लगा हूँ
इस पेड़ का साया मेरे बच्चों को मिलेगा

अब देखिए कौन आये जनाज़े को उठाने
यूँ तार तो मेरे सभी बेटों को मिलेगा

दुनिया की ये तक़दीर बदलने को उठेंगे
मौक़ा जो किसी रोज़ ग़रीबों को मिलेगा

इस जंग ने बैसाखियाँ बख़्शीं मुझे 'राना'
सरकार से ईनाम वज़ीरों को मिलेगा

उड़ के यूँ छत से कबूतर मेरे सब जाते हैं
जैसे इस मुल्क से मज़दूर अरब जाते हैं

हमने बाज़ार में देखे हैं घरेलू चेहरे
मुफ़लिसी, तुझसे बड़े लोग भी दब जाते हैं

कौन हँसते हुए हिजरत पे हुआ है राज़ी
लोग आसानी से घर छोड़ के कब जाते हैं

और कुछ रोज़ के मेहमान हैं हम लोग यहाँ
यार, बेकार हमें छोड़ के अब जाते हैं

लोग मशकूक निगाहों से हमें देखते हैं
रात को देर से घर लौट के जब जाते हैं

मुद्दतों पहले जो डूबी थी वो पूँजी मिल गयी
जो कभी दरिया में फेंकी थी वो नेकी मिल गयी

कितनी आसानी से इस ज़िल्लत से छुट्टी मिल गयी
ज़िन्दगी महँगी पड़ी थी मौत सस्ती मिल गयी

ज़िन्दगी तुझसे वफ़ादारी का यह इनाम है
झुर्रियाँ चेहरों को बालों को सफ़ेदी मिल गयी

कोई अब तनक़ीद करता है तो करने दे उसे
बे-ज़मीरी देख मुझको लाल बत्ती मिल गयी

यह अमीरे-शहर के दरबार का क़ानून है
जिसने सजदा कर लिया तोहफ़े में कुर्सी मिल गयी

मैं इसी मिट्टी से उट्ठा था बगोले की तरह
और फिर इक दिन इसी मिट्टी में मिट्टी मिल गयी

मैं इसे इनाम समझूँ या सज़ा का नाम दूँ
उँगलियाँ कटते ही तोहफ़े में अँगूठी मिल गयी

ख़ुदकुशी करने पे आमादा थी नाकामी मेरी
फिर मुझे दीवार पर चढ़ती यह च्यूँटी मिल गयी

फिर किसी ने लक्ष्मी देवी को ठोकर मार दी
आज कूड़ेदान में फिर एक बच्ची मिल गयी

एक खुश रंग से वादे की तरह ओढ़ लिया
आज मैंने उसे रिश्ते की तरह ओढ़ लिया

ऐ अमीरी, तुझे मालूम नहीं है शायद
भूख ने मिट्टी को मैदे की तरह ओढ़ लिया

यह गगनचुम्बी इमारत थी ज़मीं ने जिसको
ज़लज़ला आते ही मलबे की तरह ओढ़ लिया

दूसरा कोई भी ज़ेवर उसे अच्छा न लगा
सिर्फ़ यादों को दुपट्टे की तरह ओढ़ लिया

शब के सन्नाटे में खुनकी का जब अहसास हुआ
तेरी यादों को दुशाले की तरह ओढ़ लिया

इक ज़ख़्मी परिन्दे की तरह जाल में हम हैं
ऐ इश्क़, अभी तक तेरे जंजाल में हम हैं

हँसते हुए होंटों ने भरम रक्खा हमारा
वह देखने आया था कि किस हाल में हम हैं

अब आपकी मर्ज़ी है सँभालें न सँभालें
ख़ुशबू की तरह आपके रूमाल में हम हैं

हम फूट के रोने लगे जब मौत के डर से
नेकी ने कहा, नामये आमाल में हम हैं

हम थक के कहीं बैठने वाले नहीं हर्गिज़
इस हिरनी की लँगड़ाती हुई चाल में हम हैं

इक ख़्वाब की सूरत ही सही याद है अब तक
माँ कहती थी ले ओढ़ ले इस शाल में हम हैं

इक लुत्फ़े-ख़ास दिल को तेरी आरज़ू में है
अल्लाह जाने कितनी कशिश लखनऊ में है

मिलता है रोज़ आँखों में आँसू लिये हुए
जब देखिये तो लगता है काफ़िर वज़ू में है

इक दिन हमारे साथ कड़ी धूप से गुज़र
बादे-सबा में कुछ भी नहीं है जो लू में है

मौक़ा जिसे भी मिलता है पीता ज़रूर है
शायद बहुत मिठास हमारे लहू में है

फिर उँगलियों से ख़ून टपकता है उम्र भर
टाँकों में क्या हुनर है हुनर तो रफ़ू में है

लहजे से एहतियात की चादर हटाइये
वह आप में कहाँ है मज़ा जितना तू में है

क़लन्दर संगे-मरमर के मकानों में नहीं मिलता
मैं असली घी हूँ बनियों की दुकानों में नहीं मिलता

तो फिर दुनिया में मेरे चाहने वाले कहाँ होते
ये अच्छा शेर है ये कारख़ानों में नहीं मिलता

सगी बहनों का रिश्ता है जो उर्दू और हिन्दी में
कहीं दुनिया की दो ज़िन्दा ज़बानों में नहीं मिलता

पराये ग़म में अपने आपको बरबाद कर लेना
यह जज़्बा अच्छे-अच्छे ख़ानदानों में नहीं मिलता

परिन्दे शाम होते ही फ़िज़ाँ से लौट आते हैं
ज़मीं पर जो सुकूँ है आसमानों में नहीं मिलता

यही बोयें यही जोतें यही सींचें यही काटें
तो फिर ख़ुशहाल कोई क्यों किसानों में नहीं मिलता

अगर थोड़े से भी इंसाफ परवर लोग हो जाते
तो कोई बेक़ुसूर इन क़ैदख़ानों में नहीं मिलता

मैं थके-हारे हुए एक सिपाही की तरह
लखनऊ में हूँ मगर ढलती दसहरी की तरह

एक हंगामा-सा रहता है हमारे दिल में
वह भी दिल्ली की तरह, मीर की दिल्ली की तरह

ज़िन्दगी अपनी भी गुज़री है इसी दरिया में
कभी घड़ियाल की सूरत कभी मछली की तरह

कम-से-कम इतनी इजाज़त मुझे मौसम दे दे
चूम लूँ फूल को मैं भी किसी तितली की तरह

हमने देखे हैं फ़सादात में पीले चेहरे
हू-ब-हू उबले हुए अण्डे की ज़र्दी की तरह

हम फ़क़ीरों की दुआवों में असर है शायद
लोग ले जाते हैं तालाब की मिट्टी की तरह

कम-से-कम पेड़ की सूरत मुझे रहने दीजे
मैं नहीं चाहता रहना किसी झाड़ी की तरह

आख़िरी उम्र में कैसे मैं ग़मों को छोड़ूँ
यह मेरे साथ रहे हैं सगे भाई की तरह

उधर का रुख़ नहीं करते जो रस्ता छोड़ देते हैं
जो कमरा छोड़ देते हैं वो कमरा छोड़ देते हैं

तुम्हें भी नींद-सी आने लगी है थक गये हम भी
चलो हम आज यह क़िस्सा अधूरा छोड़ देते हैं

गुज़र जाता है मौसम और पत्थर तक नहीं आते
इसी ग़म में बहुत से पेड़ फलना छोड़ देते हैं

सियासत में जब आये हैं तो यह भी कर लिया जाये
बनामे-अम्न हम भी इक परिन्दा छोड़ देते हैं

वह रखना चाहते हैं कुछ ताल्लुक़ गाँव से अपने
जो अपने घर के कुछ हिस्से को कच्चा छोड़ देते हैं

मोहब्बत के लिए थोड़ी-सी रुसवाई ज़रूरी है
शकर के डर से बुज़दिल लोग मीठा छोड़ देते हैं

मोहब्बत में अगर है शर्त थोड़ा बेवफ़ा होना
तो हम भी ज़िन्दगी फिर तेरा पीछा छोड़ देते हैं

सियासत बाँधती है पाँव में जब मज़हबी घुँघरू
मेरे जैसे तो फिर घर से निकलना छोड़ देते हैं

दोहरा रहा हूँ बात पुरानी कही हुई
तस्वीर तेरे घर में थी मेरी लगी हुई

इन बदनसीब आँखों ने देखी है बार-बार
दीवार में ग़रीब की ख़्वाहिश चुनी हुई

मुद्दत से कोई दूसरा रहता है हम नहीं
दरवाज़े पर हमारी है तख़्ती लगी हुई

जब तक है डोर हाथ में तब तक का खेल है
देखी तो होंगी तुमने पतंगें कटी हुई

लगता है जैसे घर में नहीं हूँ मैं क़ैद हूँ
मिलती हैं रोटियाँ भी जहाँ पर गिनी हुई

साँसों के आने-जाने पे चलता है कारोबार
छूता नहीं है कोई भी हाँडी जली हुई

यह ज़ख़्म का निशान है जायेगा देर से
छुटती नहीं है जल्दी से मेहँदी लगी हुई

वो महफ़िल में नहीं खुलता है तनहाई में खुलता है
समन्दर कितना गहरा है ये गहराई में खुलता है

जब उससे गुफ़्तगू कर ली तो फिर शजरा नहीं पूछा
हुनर बख़ियागरी का एक तुरपाई में खुलता है

हमारे साथ रहता है वो दिन भर अजनबी बनकर
हमेशा चाँद हमसे शब की तनहाई में खुलता है

मेरी आँखें जहाँ पर भी खुलें वो पास होते हैं
ये दरवाज़ा हमेशा उनकी अँगनाई में खुलता है

मेरी तौबा खड़ी रहती है सहमी लड़कियों जैसी
भरम तक़वे का उसकी एक अँगड़ाई में खुलता है

फ़क़त ज़ख़्मों से तकलीफ़ें कहाँ मालूम होती हैं
पुरानी कितनी चोटें हैं ये पुरवाई में खुलता है

दयारे-ग़ैर का कोई भी हंगामा नहीं लिक्खा
सफ़र काफ़ी किये लेकिन सफ़रनामा नहीं लिक्खा

भरोसा है हमें अपने हुनर पर इसलिए हमने
हमेशा नाम ही लिक्खा नसबनामा नहीं लिक्खा

मेरे अजदाद क़ायल भी नहीं थे ख़ुदपरस्ती के
कि आलिम हो के भी अपने को अल्लामा नहीं लिक्खा

मुहब्बत को इबादत का दिया है इस तरह दर्जा
कि जिसको टूटकर चाहा, उसे नामा नहीं लिक्खा

मेरी तहरीर भी मेरी तरह मुँहफट है ऐ 'राना'
ख़ुदा का शुक्र है शमशीर को ख़ामा नहीं लिक्खा

किया यूँ अपने को बरबाद शेर कहने लगे
जब आ गयी है तेरी याद शेर कहने लगे

ये नहर दूध की हम भी निकाल सकते हैं
मज़ा तो जब है कि फ़रहाद शेर कहने लगे

मेरे अज़ीज़ हिक़ारत से शायरों को न देख
न जाने कब तेरी औलाद शेर कहने लगे

ये कह के छेड़ रही हैं सहेलियाँ उसको
शरीफ़ लोगों के दामाद शेर कहने लगे

बड़े-बड़ों को बिगाड़ा है हमने ऐ 'राना'
हमारे लहजे में उस्ताद शेर कहने लगे

❖

वो मदरसों के नाम पे इमदाद ले के आये
माँगी हुई ग़ज़ल पे बहुत दाद ले के आये

घर की ज़रूरतों के लिए हम हज़ार बार
बाज़ार में शराफ़ते-अजदाद ले के आये

जब से कमी तुम्हारे मज़ालिम में आ गई
शर्मिन्दगी भी लौट के मुजरिम में आ गई

पहले तो खुल के मिलते थे इक-दूसरे से हम
फिर इक दरार जैसी मरासिम में आ गई

अह्ले-हवस के दर पे अना भी खड़ी मिली
पूरब की रहने वाली भी पच्छिम में आ गई

अब फ़ासलों की कोई हक़ीक़त नहीं रही
दुनिया सिमट के छोटे से इक 'सिम' में आ गई

इंसाफ़ करने वाले तो मूसा मिज़ाज थे
फ़िरऔनियत कहाँ से ये हाकिम में आ गई

मैं एहतिजाज करने के लायक़ नहीं रहा
या फिर कमी तुम्हारे मज़ालिम में आ गई

ये दरवेशों की बस्ती है यहाँ ऐसा नहीं होगा
लिबासे-ज़िन्दगी फट जायेगा मैला नहीं होगा

शेयर बाज़ार में क़ीमत उछलती-गिरती रहती है
मगर यह ख़ूने-मुफ़लिस है कभी महँगा नहीं होगा

तेरे एहसान की ईंटें लगी हैं इस इमारत में
हमारा घर तेरे घर से कभी ऊँचा नहीं होगा

हमारी दोस्ती के बीच ख़ुदग़र्ज़ी भी शामिल है
ये बे-मौसम का फल है ये बहुत मीठा नहीं होगा

पुराने शहर के लोगों में इक रस्मे-मुरव्वत है
हमारे पास आ जाओ कभी धोका नहीं होगा

ये ऐसी चोट है जिसको हमेशा दुखते रहना है
यह ऐसा ज़ख़्म है जो उम्र भर अच्छा नहीं होगा

फिर हवा सिर्फ़ चराग़ों का कहा करती है
जब दवा कुछ नहीं करती तो दुआ करती है

इक समन्दर है जो शहरों को निगल जाता है
इक नदी है जो समन्दर का भला करती है

तुम कभी उसको भुलाने की न कोशिश करना
ये दवा और भी ज़ख़्मों को हरा करती है

कोशिशें करती चली आयी है दुनिया लेकिन
उम्र वह पूँजी है जो रोज़ घटा करती है

यूँ तो अब उसको सुझाई नहीं देता लेकिन
माँ अभी तक मेरे चेहरे को पढ़ा करती है

माँ की सब आदतें बेटी में चली आयी हैं
मैं तो सो जाता हूँ लेकिन वो जगा करती है

कब वापसी का हुक्म हो धड़का भी लग गया
अब तो हमारी आँखों पे चश्मा भी लग गया

माँ लाशऊरी तौर पे शेरों में आ गयी
जन्नत में एक पेड़ ग़ज़ल का भी लग गया

गौरय्या ले के जाये कहाँ अपना घोंसला
इस पेड़ पर तो शहद का छत्ता भी लग गया

बचपन में इतनी बात पे भी रो चुके हैं हम
चिड़िया कहाँ से आयेगी शीशा भी लग गया

माँ-बाप खुश हैं कांम पे बच्चे को भेजकर
दुनिया के कारोबार में सजदा भी लग गया

यह मोजिज़ा भी देखा है साहिल पे एक रोज़
ख़िदमत में एक प्यासे की दरिया भी लग गया

इक हाथ भी उठा न गवाही के वास्ते
लगने को मेरे नाम पे मेला भी लग गया

फिर से बदल के मिट्टी की सूरत करो मुझे
इज़्ज़त के साथ दुनिया से रुख़सत करो मुझे

मैंने तो तुमसे की ही नहीं कोई आरज़ू
पानी ने कब कहा था कि शर्बत करो मुझे

कुछ भी हो मुझको एक नयी शक्ल चाहिए
दीवार पर बिछाओ कि अब छत करो मुझे

जन्नत पुकारती है कि मैं हूँ तेरे लिए
दुनिया ब-ज़िद है मुझसे कि जन्नत करो मुझे

दिल को दुखने का सलीक़ा भी नहीं आता है
इस परिन्दे को तड़पना भी नहीं आता है

वो समझते ही नहीं हैं मेरी मजबूरी को
इसलिए बच्चों पे गुस्सा भी नहीं आता है

चाहता हूँ कि तेरे हाथ भी पीले हो जायें
क्या करूँ मैं कोई रिश्ता भी नहीं आता है

सोचता हूँ कि गिरा दूँ सभी रिश्तों के खण्डर
इन मकानों से किराया भी नहीं आता है

उसकी फ़ैयाज़ी का अन्दाज़ा लगा लो इससे
उसके दरवाज़े पे कुत्ता भी नहीं आता है

उम्र भर ख़ाली यूँ ही दिल का मकाँ रहने दिया
तुम गये तो दूसरे को कब यहाँ रहने दिया

उम्र भर उसने भी मुझसे मेरा दुख पूछा नहीं
मैंने भी ख़्वाहिश को अपनी बेज़बाँ रहने दिया

उसने जब भी सौंप दी है जिस्म की उजली किताब
मैंने कुछ अवराक़ उल्टे कुछ को हाँ रहने दिया

मैंने कल शब चाहतों की सब किताबें फाड़ दीं
सिर्फ़ इक काग़ज़ पे लिक्खा लफ़्ज़े-माँ रहने दिया

❖

काग़ज़ के बने ताजमहल बेच रहे हैं
जो बाग़ के मालिक थे वो फल बेच रहे हैं

तुझसे मिलती-जुलती होगी ऐसी ग़ज़ल कह सकता हूँ
देख के तुझको सोच रहा हूँ मैं भी ग़ज़ल कह सकता हूँ

उससे मुझको बिछड़े हुए गो एक ज़माना बीत गया
लेकिन इतना हक़ है, उसको अपनी ग़ज़ल कह सकता हूँ

तुझको इतना सोच चुका हूँ तुझसे इतना वाक़िफ़ हूँ
औरों ने तो शेर कहे मैं पूरी ग़ज़ल कह सकता हूँ

तितली, फूल, परिन्दे, मौसम, चेहरा, आँखें, नीली झील
ऐसे मौसम मिल जायें तो अब भी ग़ज़ल कह सकता हूँ

सुबह-सवेरे घर से चलना रात गये घर लौट के आना
ज़िम्मेदारी इतनी मुझ पर फिर भी ग़ज़ल कह सकता हूँ

❖

हमको बाज़ारों की ज़ीनत के लिए तोड़ा गया
फूल होकर भी कहाँ हम गेसू-ए-लैला में हैं

ऐबजूई से अगर फ़ुर्सत मिले तो देखना
दोस्तो, कुछ ख़ूबियाँ भी हज़रते-राना में हैं

जो उसने लिक्खे थे ख़त कापियों में छोड़ आये
हम आज उसको बड़ी उलझनों में छोड़ आये

अगर हरीफ़ों में होता तो बच भी सकता था
ग़लत किया जो उसे दोस्तों में छोड़ आये

सफ़र का शौक़ भी कितना अजीब होता है
वो चेहरा भीगा हुआ आँसुवों में छोड़ आये

फिर उसके बाद वो आँखें कभी नहीं रोयीं
हम उनको ऐसी ग़लतफ़हमियों में छोड़ आये

महाज़े जंग-पे जाना बहुत ज़रूरी था
बिलखते बच्चे हम अपने घरों में छोड़ आये

जब एक वाक़या बचपन का हमको याद आया
हम उन परिन्दों को फिर घोंसलों में छोड़ आये

ऐ अहले-सियासत, ये क़दम रुक नहीं सकते
रुक सकते हैं फ़नकार क़लम रुक नहीं सकते

हाँ, होश ये कहता है कि महफ़िल में ठहर जा
ग़ैरत का तक़ाज़ा है कि हम रुक नहीं सकते

ये क्या कि तेरे हाथ भी अब काँप रहे हैं
तेरा तो ये दावा था सितम रुक नहीं सकते

अब धूप हक़ीक़त की है और शौक़ की राहें
ख़्वाबों की घनी छाँव में हम रुक नहीं सकते

है प्यार की राहों में अभी सैकड़ों पत्थर
रफ़्तार बताती है क़दम रुक नहीं सकते

एक आस की मारी हुई दुल्हन की तरह है
ये ज़िन्दगी टूटे हुए कंगन की तरह है

हर शख़्स मेरे शहर में दुश्मन की तरह है
अब राम का किरदार भी रावन की तरह है

दिलकश भी नज़र आती है धब्बे भी बहुत हैं
ये ज़िन्दगी ज़रदार की उतरन की तरह है

इस दौरे-तरक़्क़ी में भी मुफ़लिस की जवानी
भट्टी में सुलगते हुए ईंधन की तरह है

मुद्दत से तेरे पाँव की आहट से है महरूम
ये दिल भी किसी बाँझ के आँगन की तरह है

सितारे, चाँद, कलियाँ, फूल, फुलवारी नहीं लाते
ग़ज़ल में हम कभी भरती की गुलकारी नहीं लाते

ख़ुशामद, चापलूसी और मक्कारी नहीं लाते
हम अपने शे'र में अलफ़ाज दरबारी नहीं लाते

भरे शहरों में क़ुर्बानी का मौसम जब से आया है
मेरे बच्चे कभी होली में पिचकारी नहीं लाते

अभी तक तेरे क़स्बे में कई ऐसे घराने हैं
कभी जो माँगकर मस्जिद से अफ़तारी नहीं लाते

सहीफ़ों को हमेशा दिल के जुज़दानों में रखते हैं
किताबों के लिए चाँदी की अलमारी नहीं लाते

ये बिकते फूल काफ़ी ख़ूबसूरत हैं मगर राना
हम अपने घर में कोई चीज़ बाज़ारी नहीं लाते

हमें मज़दूरों की, मेहनतकशों की याद आती है
इमारत देखकर कारीगरों की याद आती है

नमाज़ें पढ़ के वापस लौटते बच्चों से मिलते ही
न जाने क्यों हमें पैग़म्बरों की याद आती है

मैं अपने भाइयों के साथ जब बाहर निकलता हूँ
मुझे यूसुफ़ के जानी दुश्मनों की याद आती है

तुम्हारे शहर की ये रौनक़ें अच्छी नहीं लगतीं
हमें जब गाँव के कच्चे घरों की याद आती है

मेरे बच्चे कभी मुझसे जो पानी माँग लेते हैं
तो पहरों कर्बला के वाक़यों की याद आती हैं

कुछ खिलौने कभी आँगन में दिखाई देते
काश, हम भी किसी बच्चे को मिठाई देते

सूने पनघट का कोई दर्द भरा गीत थे हम
शहर के शोर में क्या तुझको सुनाई देते

किसी बच्चे की तरह फूट के रोयी थी बहुत
अजनबी हाथ में वो अपनी कलाई देते

कहीं बेनूर न हो जायें वो बूढ़ी आँखें
घर में डरते थे ख़बर भी मेरे भाई देते

साथ रहने से भी खिल जाते हैं रिश्तों के कँवल
बन्दिशें रोने लगीं मुझको रिहाई देते

बस किसी बात के अहसास ने रोका वर्ना
हम भी औरों की तरह तुझको बधाई देते

सिसकियाँ उसकी न देखी गयीं मुझसे 'राना'
रो पड़ा मैं भी उसे पहली कमाई देते

ख़ुश्क था जो पेड़ उस पर पत्तियाँ अच्छी लगीं
तेरे होंटों पर लरज़ती सिसकियाँ अच्छी लगीं

हर सहूलत थी मयस्सर लेकिन इसके बावजूद
माँ के हाथों की पकाई रोटियाँ अच्छी लगीं

जिसने आज़ादी के क़िस्से भी सुने हों क़ैद में
उस परिन्दे को क़फ़स की तीलियाँ अच्छी लगीं

हाथ उठाकर वक़्ते-रुख़सत जब दुआएँ उसने दीं
उसके हाथों की खनकती चूड़ियाँ अच्छी लगीं

हम बहुत थक-हारकर लौटे थे लेकिन जाने क्यों
रेंगती, बढ़ती, सरकती चींटियाँ अच्छी लगीं

वो मैला-सा बोसीदा-सा आँचल नहीं देखा
बरसों हुए हमने कोई पीपल नहीं देखा

इनसानों को होते हुए पागल नहीं देखा
हैरत है कि तुमने कभी मक़तल नहीं देखा

सहरा की कहानी भी बुज़ुर्गों से सुनी है
इस अहद के मजनूँ ने तो जंगल नहीं देखा

इस डर से कि दुनिया कहीं पहचान न जाये
महफ़िल में कभी उस को मुसलसल नहीं देखा

सोने के ख़रीदार न ढूँढो कि 'मुनव्वर'
मुद्दत से यहाँ लोगों ने पीतल नहीं देखा

जब तक रहा हूँ धूप में चादर बना रहा
मैं अपनी माँ का आख़िरी ज़ेवर बना रहा

ये आँसुओं का मुझ पे करम है कि उम्र भर
चेहरा मेरा जवाबे-गुले-तर बना रहा

हँसना न भूल जाये ये दुनिया इसीलिए
मैं बादशाह हो के भी जोकर बना रहा

डूबे हुए किसी को ज़माना गुज़र गया
पानी पे एक नक़्श बराबर बना रहा

उसने भी ख़त्तो ख़ाल नुमायाँ नहीं किये
मैं भी उक़ाब हो के कबूतर बना रहा

मेरे ज़ख़्मों की नुमाइश नहीं होने वाली
चारागर से कभी पुरसिश नहीं होने वाली

ख़ानक़ाहों से निकल आओ मिसाले-शमशीर
सिर्फ़ तक़रीर से बख़्शिश नहीं होने वाली

अपनी फ़सलों को कुएँ खोद के सैराब करो
हाथ फैलाने से बारिश नहीं होने वाली

ख़ुद को तक़सीम कई ख़ानों में करने वालो
तुमसे ज़र्रों में भी जुम्बिश नहीं होने वाली

क़त्ल होना हमें मंज़ूर है लेकिन 'राना'
हमसे क़ातिल की सिफ़ारिश नहीं होने वाली

सायबाँ ख़ानाबदोशों के हवाले कर दे
ये घना पेड़ परिन्दों के हवाले कर दे

मैं हूँ मिट्टी तो मुझे कूज़ागरों तक पहुँचा
मैं खिलौना हूँ तो बच्चों के हवाले कर दे

शाम के वक़्त परिन्दे नहीं पकड़े जाते
बेज़बाँ हैं, इन्हें शाख़ों के हवाले कर दे

ठण्डे मौसम में भी सड़ जाता है बासी खाना
बच गया है तो ग़रीबों के हवाले कर दे

मैं भी सुक़रात हूँ सच बोल दिया है मैंने
ज़हर सारा मेरे होंटों के हवाले कर दे

इस तरह किश्तों में मरना मुझे मंज़ूर नहीं
अब मेरे शहर को फ़ौजों के हवाले कर दे

चुभने लगेगा आँखों में, मंज़र न देखिए
इन खिड़कियों से झाँक के बाहर न देखिए

मजबूर दिल के हाथों न होना पड़े मुझे
जा ही रहे हैं आप तो मुड़कर न देखिए

आँखों में रह न जाये कहीं पस्तियों का अक्स
इतनी बुलन्दियों से मेरा घर न देखिए

मासूमियत पे आपकी हँसने लगेगी झील
कच्चे घड़े को पानी से भरकर न देखिए

रोना पड़ेगा बैठ के अब देर तक मुझे
मैं कह रहा था आपसे, हँसकर न देखिए

काँटों की रहगुज़र हो कि फूलों का रास्ता
फैला दिये हैं पाँव तो चादर न देखिए

मेरी पूँजी से उन्हें सूद की बू आती है
हर मुसलमान से दाऊद की बू आती है

शहर से गाँव चले आने में नुक़सान हुआ
दोपहर होते ही अमरूद की बू आती है

वह गुलिस्तानों की तक़दीर लिखा करते हैं
जिनको हर फूल से बारूद की बू आती है

तेरे बख़्शे हुए ज़ख़्मों को छुपाता हूँ मगर
कभी अम्बर की, कभी ऊद की बू आती है

ख़ूब रोते हैं मेरे ग़म में सियासत वाले
सोचता हूँ तो उछल-कूद की बू आती है

क्यों मुझे ख़ौफ़ से तू देख रही है दुनिया
क्या मेरे पास से बारूद की बू आती है

बेख़याली में किसी रोज़ गले से लग जा
तू कहेगा कि मुझे ऊद की बू आती है

मेरे अन्दर छुपे दारा को भी देखो इक दिन
बस तुम्हें अज़हरो-मसऊद की बू आती है

यह ज़ुल्म सबके सामने मज़लूम पर हुआ
उर्दू का इक रिसाला भी रिवॉल्वर हुआ

शाख़ों पे उनकी फूल बता कैसे आयेंगे
जिन औरतों के सामने इनकाउंटर हुआ

काँपेंगे फिर उक़ाब भी दहशत से एक दिन
यह फ़ाख़्ता का बच्चा भी जिस दिन निडर हुआ

हम जानवर को काट के क़स्साब हो गये
इंसान जिसने काट दिये डाक्टर हुआ

मुठभेड़ कह रही है हुकूमत तो मान लो
गोया कि आदमी नहीं मैं पोस्टर हुआ

कोई सुबूत और नहीं चाहिए उन्हें
उर्दू अफ़ीम हो गयी ख़त पाउडर हुआ

मेरी ग़ज़ल कहाँ है मेरा मरसिया है यह
जिसने भी सुन लिया वह पसीने से तर हुआ

इतनी भरपूर ज़मानत कोई कम देती है
चैन से सोता हूँ माँ पढ़ती है दम देती है

इक मोहब्बत से कई सरहदें खुल जाती हैं
और नफ़रत कई मुल्कों को जनम देती है

हम कि माँ कहते हैं जिसको, इन्हीं हाथों से उसे
बेच देते हैं अगर दूध वो कम देती है

मुफ़लिसी चाहे तो इक दिन में महल बन जाये
इसके अन्दर की अना इसको क़सम देती है

तेरे इन महलों को मज़दूर जला डालेंगे
भूक हाथों में बग़ावत का अलम देती है

एक-एक क़तरा मेरे दूध का वापस करना
जंग पर जाते हुए माँ ये क़सम देती है

ग़ौर करना कभी फ़ुर्सत में मोहब्बत क्या है
तीर ले लेती है हाथों से क़लम देती है

ज़िन्दगी ने तो रुलाया है हमें क़िस्तों में
मौत अच्छी है कि तकलीफ़ तो कम देती है

अब न कोड़ों से मेरी लाश को मारा जाये
ऐ सियासत, मुझे सूली से उतारा जाये

आईना ख़ाने में बैठे हो न जाने कब से
तुम तो कहते थे चलो मुल्क सँवारा जाये

जब कि मिल जाता है अब शह्द भी वैसा वाला
क्या ज़रूरी है उसे ज़ह्र से मारा जाये

शेर बन जाती है जब जान पे बन आती है
इस तरह घेर के बिल्ली को न मारा जाये

मुस्तक़िल मौत लगी रहती है पीछे-पीछे
जाने किस वक़्त कहाँ पर किसे मारा जाये

मेरे होते हुए कश्ती तो नहीं डूबेगी
अब अगर जाता है ऐसे में किनारा जाये

मेरे चेहरे की चमक तेरी बदौलत होती
कम-से-कम इतनी तो अच्छी मेरी क़िस्मत होती

जितना लिक्खा है उसी ने हमें इज़्ज़त दे दी
जो न लिख पाये वो लिखते तो क़यामत होती

माँ के पैरों तले जन्नत है तो फिर मेरे ख़ुदा
मुझको सजदे की भी जन्नत में इजाज़त होती

चाहने वालों को ऐसे नहीं छोड़ा जाता
कम-से-कम ख़्वाब में आते जो मुहब्बत होती

सारे मज़लूमों को इंसाफ़ जहाँ मिल सकता
काश! इस मुल्क में इक ऐसी अदालत होती

कौन समझाये ये तनक़ीद के शहज़ादों को
माँ पे हम शेर न कहते तो ये शोहरत होती

कुछ बुरे लोग न होते जो ज़मीं पर पैदा
फिर ये दुनिया नहीं होती यही जन्नत होती

सियासत किस हुनरमन्दी से सच्चाई छुपाती है
कि जैसे सिसकियों के ज़ख़्म शहनाई छुपाती है

जो इसकी तह में जाता है तो फिर वापस नहीं आता
नदी हर तैरने वाले से गहराई छुपाती है

ये बच्ची चाहती है और कुछ दिन माँ को ख़ुश रखना
ये कपड़ों की मदद से अपनी लम्बाई छुपाती है

अभी तक हौसला बाक़ी है इस टूटे हुए दिल में
अभी तक आँसुवों की फ़ौज पसपाई छुपाती है

हमारा हर हुनर गुमनामियों में डूब जाता है
तुम्हारे सारे ऐबों को पज़ीराई छुपाती है

इस इम्तिहान से सबको गुज़रना पड़ता है
मेरी कहानी में हीरो को मरना पड़ता है

जो मुझको हाथ लगाता है टूट जाता है
मैं आईना हूँ मुझे खुद सँवरना पड़ता है

भले-बुरे में वही है जो काम आता है
इसीलिए तो उसे याद करना पड़ता है

हमारे शेर समझना कोई मज़ाक़ नहीं
जनाब! कच्चे कुएँ में उतरना पड़ता है

मुशायरा भी तमाशा मदार शाह का है
यहाँ पे शेर को बकरी से डरना पड़ता है

फ़ज़ायें यूँ ही मोअत्तर नहीं हुआ करतीं
हसीन फूलों को पहले बिखरना पड़ता है

सारी दौलत तेरे क़दमों में पड़ी लगती है
तू जहाँ होता है क़िस्मत भी गड़ी लगती है

ऐसे रोया था बिछड़ते हुए वह शख़्स कभी
जैसे सावन के महीने में झड़ी लगती है

हम भी अपने को बदल डालेंगे रफ़्ता-रफ़्ता
अभी दुनिया हमें जन्नत से बड़ी लगती है

ख़ुशनुमा लगते हैं दिल पर तेरे ज़ख़्मों के निशाँ
बीच दीवार में जिस तरह घड़ी लगती है

तू मेरे साथ अगर है तो अँधेरा कैसा
रात ख़ुद चाँद-सितारों से जड़ी लगती है

मैं रहूँ या न रहूँ नाम रहेगा मेरा
ज़िन्दगी उम्र में कुछ मुझसे बड़ी लगती है

इंसान के हाथों की बनाई नहीं खाते
हम आम के मौसम में मिठाई नहीं खाते

कुछ भी हो तअल्लुक़ में दरारें नहीं पड़तीं
हम इसलिए बच्चों की कमाई नहीं खाते

हमसे तो समझदार हैं यह फूल से बच्चे
जो दूध तो पीते हैं मलाई नहीं खाते

ईमान का जज़्बा अभी मौजूद है शायद
हम लोग कोई चीज़ पराई नहीं खाते

मश्कूक हुआ जाता है क्यों ख़ून का रिश्ता
इक साथ में क्यों बैठ के भाई नहीं खाते

छाँव मिल जाये तो कम दाम में बिक जाती है
अब थकन थोड़े से आराम में बिक जाती है

आप क्या मुझको नवाज़ेंगे जनाबे-आली
सल्तनत तक मेरे इनाम में बिक जाती है

शेर जैसा भी हो इस शह्र में पढ़ सकते हो
चाय जैसी भी हो आसाम में बिक जाती है

वह सियासत का इलाक़ा है उधर मत जाना
आबरू कूचये बदनाम में बिक जाती है

जिसे भी देखिये वो मुस्तहक़ निकलता है
मेरी कमाई पे किस-किसका हक़ निकलता है

तमाम सहरा को शादाब कर दिया इसने
अरब की रेत से ऐसा अरक़ निकलता है

वह चाहे मजनूँ हो, फ़रहाद हो कि राँझा हो
हर एक शख़्स मेरा हम सबक़ निकलता है

हमारा तज़किरा चाहे किसी किताब में हो
हमेशा बीच से सादा वरक़ निकलता है

हवेलियों के मुक़द्दर अजीब होते हैं
किसी भी चेहरे को देखो वो फ़क़ निकलता है

घर में रहते हुए ग़ैरों की तरह होती हैं
लड़कियाँ धान के पौदों की तरह होती हैं

उड़ के इक रोज़ बहुत दूर चली जाती हैं
घर की शाख़ों पे ये चिड़ियों की तरह होती हैं

सहमी-सहमी हुई रहती हैं मकाने-दिल में
आरज़ूयें भी ग़रीबों की तरह होती हैं

टूटकर ये भी बिखर जाती हैं इक लम्हे में
कुछ उमीदें भी घरौंदों की तरह होती हैं

आपको देख के जिस वक़्त पलटती है नज़र
मेरी आँखें मेरी आँखों की तरह होती हैं

जिस दिन से मुझे अर्ज़े-वतन भूल गयी है
लगता है मेरी रूह बदन भूल गयी है

या तो मुझे अब दर्द का अहसास नहीं है
या आपकी शमशीर चुभन भूल गयी है

बरसों की जुदाई पे मिला हूँ तो ज़बाँ भी
बच्चों की तरह तर्ज़े-सुख़न भूल गयी है

कब बिछड़े थे, क्यों बिछड़े थे, किस मोड़ पे बिछड़े
तारीख़ उसे याद है सन भूल गयी है

दिन भर की मशक़्क़त से बदन चूर है लेकिन
माँ ने मुझे देखा तो थकन भूल गयी है

ऐ ख़ुदा, देख ले दुखने लगीं आँखें मेरी
जब से वो आ के चुरा ले गया नींदें मेरी

कोई ख़्वाहिश, न तमन्ना, न मसर्रत, न मलाल
जिस्म का क़र्ज़ अदा करती हैं साँसें मेरी

धूप रिश्तों की निकल आयेगी, ये आस लिये
घर की दहलीज़ पे बैठी रहीं बहनें मेरी

मैं इक इस्कूल के आँगन का शजर हूँ 'राना'
नोच ली जाती हैं बचपन ही में शाख़ें मेरी

हम ईंट-ईंट को दौलत से लाल कर देते
अगर ज़मीर की चिड़िया हलाल कर देते

तकल्लुफ़ात में होता है इश्क़ का नुक़सान
वो सुन रहा था तो फिर अर्ज़े-हाल कर देते

तुम्हारे ख़ून की रंगत समझ में आ जाती
अगर फ़क़ीर को सिक्का उछालकर देते

तुम्हारा फ़ैसला हमको क़ुबूल है लेकिन
दिया था दिल तो ज़रा देख-भाल कर देते

वो एक शख़्स जो बचपन से मेरे गाँव में है
ये जानता नहीं कोई कि देवताओं में है

जो अपने गाँव की पगडण्डियों पे छोड़ आया
छुपी हुई मेरी अज़मत उसी खड़ाओं में है

तमाम दोस्त हमें छोड़कर चले भी गये
मगर ये काँटा अभी तक हमारे पाँव में है

लिपट के रोती नहीं हैं कभी शहीदों से
ये हौसला भी हमारे वतन की माँओं में है

वो कहाँ रहता है कोई तो निशानी आये
उसका पैग़ाम हवाओं की ज़बानी आये

अपनी आँखों को उदासी से बचाना उस दम
जब कोई बात तुम्हें याद पुरानी आये

मेरे नज़दीक चली आती हैं यूँ ही ख़ुशियाँ
जैसे मज़दूर के घर में कोई रानी आये

ज़ब्त के बाद भी यूँ आँख से आँसू निकले
जैसे छत काट के बरसात का पानी आये

यूँ चमकते हैं तेरी याद के जुगनू अकसर
याद जैसे किसी पिक्चर की कहानी आये

दिल्ली पुकारती है कभी बम्बई मुझे
क्या दर-बदर फिरायेगी मिट्टी मेरी मुझे

पत्तों ने कुछ कहा था ख़िज़ाओं के कान में
ऐसा लगा कि आपने आवाज़ दी मुझे

उसकी नवाज़िशें भी अजीबो-ग़रीब हैं
मुफ़लिस बना के बख़्श दी दरयादिली मुझे

इस शहर ने तो नाम भी मेरा बदल दिया।
कहते थे पहले लोग मुनव्वर अली मुझे

शहर को फ़िरक़ापरस्ती की वबा खा जायेगी
ये बुज़ुर्गों की कमाई दाश्ता खा जायेगी

शहर में आने से पहले ये कहाँ मालूम था
बेहयाई मेरी आँखों की हया खा जायेगी

फिर चला है कोई वादे को निभाने के लिए
ये नदी फिर आज इक कच्चा घड़ा खा जायेगी

अपने घर में सर झुकाये इसलिए आया हूँ मैं
इतनी मज़दूरी तो बच्चे की दवा खा जायेगी

दिल वो बस्ती है जहाँ कोई तमन्ना न मिली
मैं वो पनघट हूँ जिसे कोई भी राधा न मिली

एक ही आग में ताउम्र जले हम दोनों
तुम को यूसुफ़ न मिला हमको जुलैख़ा न मिली

मेरा बनवास पे जाने का इरादा था मगर
मुझको दुनिया में कहीं भी कोई सीता न मिली

उसने बुलवाये थे मशहूर नजूमी लेकिन
खुरदुरे हाथ में तक़दीर की रेखा न मिली

इत्तफ़ाक़न कभी आयी तो कोई ग़म लायी
ऐ ख़ुशी, तू मुझे इक बार भी तनहा न मिली

जो हुक्म देता है वो इल्तिजा भी करता है
ये आसमान कहीं पर झुका भी करता है

मैं अपनी हार पे नादिम हूँ इस यक़ीन के साथ
कि अपने घर की हिफ़ाज़त ख़ुदा भी करता है

तू बेवफ़ा है तो ले इक बुरी ख़बर सुन ले
कि इन्तिज़ार मेरा दूसरा भी करता है

हसीन लोगों से मिलने पे एतराज़ न कर
ये जुर्म वो है जो शादीशुदा भी करता है

हमेशा गुस्से से नुक़सान ही नहीं होता
कहीं-कहीं ये बहुत फ़ायदा भी करता है

जगमगाते हुए शहरों को तबाही देगा
और क्या मुल्क को मग़रूर सिपाही देगा

पेड़ उम्मीदों का ये सोच के काटा न कभी
फल न आ पायेंगे इसमें तो हवा ही देगा

तुमने ख़ुद ज़ुल्म को मेयारे-हुकूमत समझा
अब भला कौन तुम्हें मसनदे-शाही देगा

जिसमें सदियों से ग़रीबों का लहू जलता हो
वो दिया रौशनी क्या देगा, सियाही देगा

मुंसिफ़े-वक़्त है तू और मैं मज़लूम मगर
तेरा क़ानून मुझे फिर भी सज़ा ही देगा

किसमें हिम्मत है जो सच बात कहेगा 'राना'
कौन होगा, जो मेरे हक़ में गवाही देगा

दुख भी ला सकती है लेकिन जनवरी अच्छी लगी
जिस तरह बच्चों को जलती फुलझड़ी अच्छी लगी

रो रहे थे सब तो मैं भी फूटकर रोने लगा
वर्ना मुझको बेटियों की रुख़सती अच्छी लगी

ऐ ख़ुदा, तू फ़ीस के पैसे अता कर दे मुझे
मेरे बच्चों को भी यूनिवर्सिटी अच्छी लगी

वो सिमट जाना किसी का सुन के मेरा तज़किरा
लालटेनों में सँभलती रोशनी अच्छी लगी

तेरे दामन में सितारे हैं तो होंगे ऐ फ़लक
मुझको अपनी माँ की मैली ओढ़नी अच्छी लगी

गुलाब रंग को तेरे कपास होना पड़े
न इतना हँस कि तुझे देवदास होना पड़े

अगर इन आँखों को जाना है तो मेरे मौला
मैं उसको देख लूँ फिर सूरदास होना पड़े

ये आरज़ू है कि गुज़रे जिधर से वह चाहे
हमारी पलकों को रस्ते की घास होना पड़े

मैं चाहता हूँ कि फिर से वह दिन पलट आयें
कि माँ के चुल्लू को मेरा गिलास होना पड़े

हमारे साथ भी इंसाफ़ कीजिए मौला
कभी-कभी तो उसे भी उदास होना पड़े

ये मोड़ वह है जहाँ ख़ुदकुशी भी जायज़ है
मेरी अना को अगर बेलिबास होना पड़े

उसे पता तो चले कर्बे-तश्नगी क्या है
ख़ुदा करे उसे सहरा की प्यास होना पड़े

तसव्वुर में सही लेकिन मैं गुलदस्ता बनाता हूँ
सज़ायें दीजिए मैं आपका चेहरा बनाता हूँ

दलित औरत की सूरत फिर रही है सारी दुनिया में
तुझे ऐ मुफ़लिसी, मैं आज से अपना बनाता हूँ

न जन्नत मैंने देखी है न जन्नत की तवक़्क़ो है
मगर मैं ख़्वाब में इस मुल्क का नक़्शा बनाता हूँ

मुझे अपनी वफ़ादारी पे कोई शक नहीं होता
मैं ख़ूने-दिल मिला देता हूँ जब झण्डा बनाता हूँ

मेरी तामीर के क़िस्से कहीं लिक्खे न जायेंगे
मैं जंगल से गुज़रने के लिए रस्ता बनाता हूँ

बिछड़कर भी जुड़े रहने का यह अच्छा तरीक़ा है
वह इक गुड्डा बनाती है मैं इक गुड़िया बनाता हूँ

अगर अच्छा-सा कोई नाम सोचो तो बता देना
मैं अपने ख़्वाब की कतरन से इक चेहरा बनाता हूँ

मेरे माज़ी की किरनें जब भी मुझको चुभने लगती हैं
मैं मिट्टी गूँधता हूँ और इक चूल्हा बनाता हूँ

मसर्रत का कोई प्याला न मेरे चाक से उतरा
कभी लक्ष्मी बनाता हूँ कभी दुर्गा बनाता हूँ

किसी को घर मिला हिस्से में या कोई दुकाँ आयी
मैं घर में सबसे छोटा था मेरे हिस्से में माँ आयी

यहाँ से जाने वाला लौटकर कोई नहीं आया
मैं रोता रह गया लेकिन न वापस जा के माँ आयी

अधूरे रास्ते से लौटना अच्छा नहीं होता
बुलाने के लिए दुनिया भी आयी तो कहाँ आयी

किसी को गाँव से परदेस ले जायेगी फिर शायद
उड़ाती रेलगाड़ी ढेर सारा फिर धुआँ आयी

मेरे बच्चों में सारी आदतें मौजूद हैं मेरी
तो फिर इन बदनसीबों को न क्यों उर्दू ज़बाँ आयी

क़फ़स में मौसमों का कोई अन्दाज़ा नहीं होता
ख़ुदा जाने बहार आयी चमन में या ख़िज़ाँ आयी

घरौंदे तो घरौंदे हैं चटानें टूट जाती हैं
उड़ाने के लिए आँधी अगर नामोनिशाँ आयी

कभी ऐ ख़ुशनसीबी, मेरे घर का रुख़ भी कर लेती
इधर पहुँची उधर पहुँची, यहाँ आयी वहाँ आयी

चारागरी की सोच से बाहर का हो गया
छोटा-सा ज़ख़्म दिल के बराबर हो गया

हम हाले-दिल सुनाने भी जायें तो अब कहाँ
जो शहर मोम का था वो पत्थर का हो गया

जो देर थी क़फ़स से निकलने की देर थी
फिर आसमान सारा कबूतर का हो गया

कासे में रख गया है वो सिक्के उमीद के
उट्ठो कि इन्तिज़ाम तो दिन भर का हो गया

होती है पत्थरों की भी क़िस्मत अलग-अलग
मैं रास्ते में आया था ठोकर का हो गया

लहजे में ख़ाकसारी का चुम्बक है इसलिए
जो शख़्स भी मिला वो मुनव्वर का हो गया

दुनिया में मुफ़लिसों का ठिकाना नहीं रहा
क्या सय्यदों का कोई घराना नहीं रहा

कूज़ागरों के घर में मसर्रत कहाँ से आये
मिट्टी के बर्तनों का ज़माना नहीं रहा

होंटों के पास लफ़्ज़ों की पूँजी नहीं रही
आँखों में आँसुवों का ख़ज़ाना नहीं रहा

उसने भी सब निशानियाँ दरिया को सौंप दीं
मुझको भी याद कोई फ़साना नहीं रहा

वो जा रहा है घर से जनाज़ा बुज़ुर्ग का
आँगन में इक दरख़्त पुराना नहीं रहा

कुछ रोज़ तक तो तुमको यक़ीं भी न आयेगा
जब ये सुनोगे शहर में 'राना' नहीं रहा

कई घर हो गये बरबाद ख़ुद्दारी बचाने में
ज़मीनें बिक गयीं सारी ज़मींदारी बचाने में

कहाँ आसान है पहली मुहब्बत को भुला देना
बहुत मैंने लहू थूका है घरदारी बचाने में

कली का ख़ून कर देते हैं क़ब्रों की सजावट में
मकानों को गिरा देते हैं फुलवारी बचाने में

कोई मुश्किल नहीं है ताज उठाना और पहन लेना
मगर जानें चली जाती हैं सरदारी बचाने में

ख़ुदा की राह में सब कुछ लुटा दो हुक्म है लेकिन
मुअज़्ज़िन को मज़ा आता है अफ़तारी बचाने में

बुलावा जब बड़े दरबार से आता है ऐ 'राना'
तो फिर नाकाम हो जाते हैं दरबारी बचाने में

वफ़ादारी को परखा जा रहा है
हमारा जिस्म दाग़ा जा रहा है

किसी बूढ़े की लाठी छिन गयी है
वो देखो, इक जनाज़ा जा रहा है

मेरी तहज़ीब नंगी हो रही है
ये उड़कर इक दुपट्टा जा रहा है

न जाने जुर्म क्या हमसे हुआ था
हमें क़िस्तों में लूटा जा रहा है

अब इस पर होगी कुछ मरहम-नवाज़ी
हमारा ज़ख़्म धोया जा रहा है

क़लम कुछ और लिखना चाहता था
मगर काग़ज़ ही भीगा जा रहा है

रिसते हुए ज़ख़्मों को दवा भी नहीं मिलती
अब हमको बुज़ुर्गों से सज़ा भी नहीं मिलती

क्या जाने कहाँ होते मेरे फूल-से बच्चे
विरसे में अगर माँ की दुआ भी नहीं मिलती

जो धूप में जलने का सलीक़ा नहीं रखता
उस पेड़ को पत्तों की क़बा भी नहीं मिलती

मुद्दत से तुम्हारा कोई ख़त भी नहीं आया
रस्ते में कहीं बादे-सबा भी नहीं मिलती

बस्तों की जगह पीठ पे जो बोझ लिये हों
उन बच्चों में बच्चों की अदा भी नहीं मिलती

कानों में कोई फूल भी हँसकर नहीं पहना
उसने भी बिछड़कर कभी ज़ेवर नहीं पहना

ये ज़ख़्म मुझे मेरे अज़ीज़ों से मिले हैं
इन कपड़ों को मैंने कहीं बाहर नहीं पहना

अहबाब बदल देने की आदत है कुछ उसको
इक कपड़े को उसने कभी दिन भर नहीं पहना

दिल ऐसा कि सीधे किये जूते भी बड़ों के
ज़िद इतनी कि ख़ुद ताज उठाकर नहीं पहना

दुनिया मेरे किरदार पे शक करने लगेगी
इस ख़ौफ़ से मैंने कभी खद्दर नहीं पहना

आँखों में कोई ख़्वाब सुनहरा नहीं आता
इस झील पे अब कोई परिन्दा नहीं आता

हालात ने चेहरे की चमक छीन ली वर्ना
दो-चार बरस में तो बुढ़ापा नहीं आता

मुद्दत से तमन्नाएँ सजी बैठी हैं दिल में
इस घर में बड़े लोगों का रिश्ता नहीं आता

इस दर्जा मसायब के जहन्नुम में जला हूँ
अब कोई भी मौसम हो पसीना नहीं आता

मैं रेल में बैठा हुआ ये सोच रहा हूँ
इस दौर में आसानी से पैसा नहीं आता

बस तेरी मोहब्बत में चला आया हूँ वर्ना
यूँ सबके बुला लेने से 'राना' नहीं आता

अहदे-नौ तेरे मीर हैं हम लोग
आप अपनी नज़ीर हैं हम लोग

वक़्त पड़ने पर जान तक दी है
यूँ बज़ाहिर फ़क़ीर हैं हम लोग

मौत को महजबीं समझते हैं
किस बला के शरीर हैं हम लोग

वक़्त की सीढ़ियों पे लेटे हैं
इस सदी के कबीर हैं हम लोग

रख रहे हैं तेरे क़फ़स का भरम
मत समझना असीर हैं हम लोग

ख़फ़ा होना ज़रा-सी बात पर तलवार हो जाना
मगर फिर ख़ुद-ब-ख़ुद वह आपका गुलनार हो जाना

किसी दिन मेरी रुसवाई का यह कारण न बन जाये
तुम्हारा शहर से जाना मेरा बीमार हो जाना

वो अपना जिस्म सारा सौंप देना मेरी आँखों को
मेरी पढ़ने की कोशिश आपका अख़बार हो जाना

कभी जब आँधियाँ चलती हैं हमको याद आता है
हवा का तेज़ चलना आपका दीवार हो जाना

बहुत दुश्वार है मेरे लिए उसका तसव्वुर भी
बहुत आसान है उसके लिए दुश्वार हो जाना

ख़फ़ा होते ही उसकी अजनबीयत जाग उठती है
जो ख़ुश होना तो फिर मेरे गले का हार हो जाना

किसी की याद आती है तो यह भी याद आता है
कहीं चलने की ज़िद करना, मेरा तैयार हो जाना

कहानी का ये हिस्सा आज तक इक ख़्वाब लगता है
तेरा सिर पर बिठा लेना मेरा दस्तार हो जाना

मोहब्बत इक-न-इक दिन यह हुनर तुमको सिखा देगी
बग़ावत पर उतरना और ख़ुद मुख़्तार हो जाना

नज़र नीची किये उसका गुज़रना पास से मेरे
ज़रा-सी देर रुकना फिर सबा रफ़्तार हो जाना

कहीं ऐसा न हो वह कम सुख़न बदनाम हो जाये
सुनो! अब आँसुवो! तुम भी ज़रा हुशियार हो जाना

बड़ी कड़वाहटें हैं इसलिए ऐसा नहीं होता
शकर खाता चला जाता हूँ मुँह मीठा नहीं होता

दवा की तरह खाते जाइये गाली बुज़ुर्गों की
जो अच्छे फल हैं उनका ज़ायक़ा अच्छा नहीं होता

हमारे शहूर में ऐसे मनाज़िर रोज़ मिलते हैं
कि सब होता है चेहरे पर मगर चेहरा नहीं होता

हमारी बेरुख़ी की देन है बाज़ार की ज़ीनत
अगर हम में वफ़ा होती तो यह कोठा नहीं होता

न दिल राज़ी न वह राज़ी तो काहे की इबादत है
किये जाता हूँ मैं सजदा मगर सजदा नहीं होता

तसव्वुर में बसा लेते हैं सच्चे चाहने वाले
फ़क़त चेहरा छुपा लेने से तो पर्दा नहीं होता

दुनिया के सामने भी हम अपना कहें जिसे
इक ऐसा दोस्त हो कि सुदामा कहें जिसे

चिड़िया की आँख में नहीं पुतली में जा लगे
ऐसा निशाना हो कि निशाना कहें जिसे

दुनिया उठाने आये मगर हम नहीं उठें
सजदा भी हो तो ऐसा कि सजदा कहें जिसे

कल तक इमारतों में था मेरा शुमार भी
अब ऐसा हो गया हूँ कि मलबा कहें जिसे

तक़रीर ऐसी हो कि मुख़ालिफ़ भी दाद दे
तहरीर ऐसी हो कि इज़ाफ़ा कहें जिसे

वह फूल चाहिए कि महक उसमें हो तेरी
वह चाँद चाहिए तेरा चेहरा कहें जिसे

छप्पन बरस से ढूँढ़ रहा हूँ नहीं मिली
ऐसी कोई भी छाँव कि ममता कहें जिसे

फिर कर्बला के बाद दिखाई नहीं दिया
ऐसा कोई भी शख़्स कि प्यासा कहें जिसे

ले के चराग़ ढूँढ़ते रहिये तमाम उम्र
ऐसा कहाँ है दूसरा 'राना' कहें जिसे

चले मक़तल की जानिब और छाती खोल दी हमने
बढ़ाने पर पतंग आये तो चर्ख़ी खोल दी हमने

पड़ा रहने दो अपने बोरिये पर हम फ़क़ीरों को
फटी रह जायेंगी आँखें जो मुट्ठी खोल दी हमने

कहाँ तक बोझ बैसाखी का सारी ज़िन्दगी ढोयें
उतरते ही कुएँ में आज रस्सी खोल दी हमने

फ़रिश्तो! तुम कहाँ तक नामये-आमाल देखोगे
चलो यह नेकियाँ गिन लो कि गठरी खोल दी हमने

तुम्हारा नाम आया और हम तकने लगे रस्ता
तुम्हारी याद आयी और खिड़की खोल दी हमने

पुराने हो चले थे ज़ख़्म सारे आरज़ूओं के
कहो चारागरों से आज पट्टी खोल दी हमने

तुम्हारे दुख उठाये इसलिए फिरते हैं मुद्दत से
तुम्हारे नाम आयी थी जो चिट्ठी खोल दी हमने

❑❑